INVENTAIRE

V 12721

I0403564

INVENTAIRE
2721

# ESTAMPES

## Anciennes et Modernes

Petits maîtres, Boulanger, Callot, etc.

### EAUX-FORTES ET LITHOGRAPHIES DE MAITRES

## PIÈCES HISTORIQUES ET CURIEUSES

Romain de Hooghe, etc.

### VUES DE PARIS ET AUTRES

De Marot, Israël Silvestre, etc.

## LIVRES A FIGURES, PORTRAITS

# ÉCOLE DU XVIIIᵉ SIÈCLE

### ET PIÈCES EN COULEUR

## DESSINS, AQUARELLES

De Borel, Prud'hon, etc.

—◇—

# VENTE

Les Lundi 15, Mardi 16, Mercredi 17 et Jeudi 18 Mai 1865

| Mᵉ DELBERGUE-CORMONT | M. VIGNÈRES |
|---|---|
| Cᵐᵉ-PRISEUR | MARCHAND D'ESTAMPES |

V

PARIS — 1865

# CATALOGUE

# D'ESTAMPES

## Anciennes et Modernes

Petits maîtres, Boulanger, Callot, etc.

### EAUX-FORTES ET LITHOGRAPHIES DE MAITRES

## PIÈCES HISTORIQUES ET CURIEUSES

Romain de Hooghe, etc.

### VUES DE PARIS ET AUTRES

De Marot, Israël Silvestre, etc.

## LIVRES A FIGURES, PORTRAITS

# ÉCOLE DU XVIII° SIÈCLE

### ET PIÈCES EN COULEUR

## DESSINS, AQUARELLES

De Borel, Prud'hon, etc.

DONT LA VENTE AURA LIEU

## HOTEL DES COMMISSAIRES-PRISEURS

### Rue Drouot, n° 5

SALLE N° 3, AU PREMIER ÉTAGE

Les Lundi 15, Mardi 16, Mercredi 17 et Jeudi 18 Mai 1865

M° **DELBERGUE-CORMONT**, Commissaire-Priseur,
rue de Provence, 8,
Assisté de **M. VIGNÈRES**, Marchand d'Estampes,
rue de la Monnaie, 13, à l'entresol, entrée rue Baillet, 1,
CHEZ LEQUEL SE DISTRIBUE CE CATALOGUE.

## EXPOSITION PUBLIQUE

Le Dimanche 14 Mai 1865, de une heure à cinq heures.

PARIS — 1865

1865

# ORDRE DES VACATIONS

———◆———

### Lundi, 15 Mai 1865. — PREMIÈRE VACATION.

### Mardi, 16. — DEUXIÈME VACATION.

### Mercredi, 17. — TROISIÈME VACATION.

### Jeudi, 18. — QUATRIÈME VACATION.

———

Les attributions de l'Amateur ont été conservées pour les Dessins.

———

## CONDITIONS DE LA VENTE

———

Au comptant.

Cinq pour cent en plus des enchères applicables aux frais.

———

M. VIGNÈRES, dirigeant la Vente, se charge des Commissions.

NOTA. Toute commission sans prix fixé ou sans limite déterminée sera regardée comme nulle.

# DÉSIGNATION

—◦◦◦—

## ÉCOLES ANCIENNES

1 **Anonyme**. Moine à genoux en extase devant le Christ. Magnifique ép. avant toute lettre.

2 — La Vierge apparaissant au cavalier près de son cheval. Belle pièce rare.

3 **Aldegraver**. Jugement de Salomon, Mars, Danseurs de noces, Ornements. 5 p.

4 **Audran** (B. et I.). Les Batailles d'Alexandre, d'ap. *Lebrun*. 6 p. Très-belles ép.

5 **Audran** (G.). Martyre de saint Laurent, d'ap. *Lesueur*.

6 — Le Buisson ardent, d'ap. *Raphaël*. Sup. ép. 1er état, avec les noms d'artistes seulement.

7 **Beatrizet**. Mort de Maléagre. B. 41, d'ap. *Perin del Vaga*.

8 **Beham** (H. Sebald). La Vierge immaculée, 1520 (B. 17.) Très-belle ép. avec une petite marge.

9 — L'Enfant prodigue dissipe son bien (B. 32). Belle ép.

10 — Les Apôtres (B. 37 à 42). 6 p. dont 3 avec une petite marge.

11 — Saint Sebalde, 1521 (B. 65). 2e état.

12 — Didon, 1519 (B. 80). Il y a 1520 au lieu de 1519. Non décrit.

13 **Beham**. Un Triton et une Néréide. 1523 (B. 87).
Belle épreuve.

14 — Combat de trois hommes (B. 95). Belle ép.

15 — Satyre femelle jouant de la cornemuse (B.110).

16 — Léda, 1548 (B. 112). Sup. ép. avec une petite
marge.

17 — Les Arts libéraux. Grammatica (121). — Dia-
lectica (122). — Arithmetria (124). — Geometria
(126). — Astrologia (127). 5 p.

18 **Bloemaert**. Les Pères de l'Église. Très-belle
épreuve.

19 **Boel** (Coryn). Le Chimiste examinant le liquide
dans la fiole, d'ap. *Teniers*.

20 **Boilard**. La Fontaine de Jouvence. Pièce curieuse, grand in-fol. rare, toute marge.

21 **Bolswert** (S. à). Élévation en croix, d'ap. *Van
Dyck*. Ep. du 1er état.

22 **Bosse** (Ab.). Éventail, les Vertus, Fragments.
16 p.

23 **Boulanger**. Sainte Famille, Osculatur me osculo
oris sui. Sup. ép.

24 — Vierge et Jésus. Magnifique ép. avant toute
lettre.

25 — Vierge, Jésus et saint Jean, d'ap. *Guido Reni*.
Sup. ép. marge, avant la lettre.

26 — Saint François recevant les stigmates, d'après
*Lucas Recollet*, 1674. Très-belle ép.

27 — Le Christ portant sa croix, d'ap. *Mignard*.
Très-belle ép.

28 — La Vierge aux œillets, d'ap. *Raphaël*. Très-
belle ép.

29 **Boulanger**. Vierge et Jésus, dite de Bridge-
water, d'ap. *Raphaël*. Très-belle ép.

30 — Ecce Homo — Mère de douleur. 2 p. d'ap.
*A. Solario.* Belles ép.

31 — La Chaste Suzanne, d'ap. *Valentin*. Très-belle
ép. avant la lettre.

32 **Bry** (Théodore de). Clementiæ, Immodica,
Maxima, trois des ronds avec chacun trois Césars
entourés de figures drôlatiques. Trois belles ép.,
marge.

33 — Scène d'intérieur avec jolis et riches costumes,
figures avec écus d'armes dans des entourages ornés de figures et d'animaux. 4 p.

34 **Callot**. Son portrait in-8, par *Michel Lasne*.

35 — Martyre des apôtres. 16 p.

36 — Vie de la Vierge. 14 p.

37 — Les Péchés capitaux. 7 p.

38 — Nouveau Testament. 11 p.

39 — Les quatre Banquets. 4 p.

40 — Lux Claustri. 27 p.

41 — Les Tableaux de Rome. 29 p.

42 — Emblèmes de la vie de la Vierge. 24 p.

43 — La petite Passion et Vie de la Vierge en petits
ovales. 16 sujets sur 4 planches.

44 — Caprices de figures variés, dédiés à L. de Médicis. 46 p.

45 — Les Fantaisies de noble I. Callot. 13 p.

46 — Les Bossus. 18 p.

47 — Vie de l'Enfant prodigue. 11 p.

48 — Balli di Sfessania. 24 p.

49 — Les Mendiants. 26 p.

50 **Callot**. Costumes de la noblesse. 12 p.

51 — Les petites Misères de la guerre. 7 p.

52 — Les Misères de la guerre. 14 p.

53 — Les Tours de Nesle, le Jeu de Boule, le Bénédicité, les Bohémiens, Entrées, etc. 21 p. par et d'après.

54 — Entrée de son Altesse à pied, et autres. 8 p.

55 — Passage de la mer Rouge, le Flot tronqué, le Bénédicité, Lazare, petite Annonciation et Crucifiement. 5 p.

56 — Tentation de saint Antoine; doublé.

57 — Les Pantalons, Ecran, et divers. 25 p. par et d'après.

58 — La Passion, texte latin au bas. 11 p. d'après lui.

59 — Petits costumes de dames et cavaliers. 13 p. avec monogramme I dans un C. Genre de Callot.

60 **Canaletti**. Vues de Venise et ses environs. 24 p. eaux-fortes originales. Très-belles ép.

61 **Chevallier**. Cabinet de Girardon. 5 p.

62 **Claessens**. 15 p. d'ap. F. Bol; Rembrandt, J. Steen, Van Dyck et autres. Superbes ép. avant la lettre sur Chine.

63 **Cochin** (N.). Noces de Cana, d'ap. *Véronèse*.

63 *bis*. **Court** (De la). Bethzabée au bain servie par ses femmes, d'ap. *Lahyre*. Belle ép.

64 **Courtois**, dit le Bourguignon. 8 petites Batailles.

65 **Coypel** (A.). Démocrite, 1692. R. D. 12.

66 **Coypel** (D'ap Ant.). Cupidon vient au secours de Psyché et l'éveille, par *J. Audran*. Belle ép.

67 **Cuyp**. Six sujets de bestiaux.

68 **De Son** (N.). Fontaine surmontée d'un Neptune, à gauche dans un parc; groupe de deux figures à terre, en avant de la fontaine; autre groupe derrière; autre arrivant de la droite, où se voit un homme dans un bosquet dont l'entrée est formée de deux cariatides. *I. L. inv. N. De Son sc.* Larg., 270 millim.; haut. 183. Belle composition non décrite, très-rare. Elle a une petite marge et tachée d'encre mêlée d'eau. — Les bâtiments en construction sans marge (M. 1436). — La Croix de pierre au bord du chemin (M. 1442), avec la marge du bas. 3 p.

69 **Durer** (Albert). Sainte Geneviève (B. 63). Superbe ép.

70 — La grande Fortune (B. 77). Très-belle ép. avec quelques restaurations.

71 — Les Offres d'amour (B. 93). Vieillard prêt à donner de l'argent à une jeune femme qui tend la main gauche tandis qu'elle tient sa bourse ouverte de l'autre.

72 — La Vierge au singe, saint Paul et autres par et d'après. 5 p.

73 **Dusart** (Corneille). Le Joueur de violon assis (B. 15).

74 — La Fête de village. (B. 16). Belle ép.

75 **Duvet** (Jean)? Annonciation. Cette pièce n'est pas celle décrite par Bartsch; au milieu du bas, une tablette avec IANNES, et au-dessous, .DV. VET.

76 **Edelinck** (G.). La Vierge assise au pied de la croix, d'ap. *Ph. de Champagne* (R.D. 13). Belle ép., avant-dernier état.

77 **Edelinck**. Vierge et Jésus, Ego dilecto meo, etc. Très-belle ép. avant les armoiries.

78 **Flamen**. Seconde partie de poissons de mer (R. D. 463-474). Très-belles ép. 12 p. avec petite marge.

79 **Goudt** (Comte de). Tobie et l'ange, la grande pièce. Magnifique ép.

80 — La Fuite en Égypte. Très-belle ép.

81 — Cérès et Stelion. Très-belle ép.

82 — Jupiter et Mercure chez Philémon et Baucis.

83 **Heer** (G. de). Famille de bohémiens. Pièce rare.

84 **Hollar**. Vierge d'ap. *Durer*. Ane, Sujet arcadien. 3 p.

85 **Hopfer** (les). Parabole de l'homme qui vend son blé et de celui qui le cache (B. 23). Superbe ép. avant le numéro. — Trophée d'arme (B. 130). Avant le numéro. — Maximilien (B. 79). — Combat de cavaliers et fantassins, d'ap. Campagnola (B. 44). 4 p.

86 **La Belle**. Diverses têtes et fig. 12 p.
— Plusieurs têtes coiffées à la Persienne. 12 p.
— Caprice fait par de la Belle 33 p.
— Diversi animali. 24 p.
— Raccolta di vasi diversi. 6 p.
— Ecran rébus, Château Saint-Ange et vues diverses de Silvestre. 7 p.

87 **Lahire**. Sainte Famille, repos en Égypte, servie par un grand nombre d'anges. Très-belle ép.

88 **Lautensac**. Portrait d'homme à mi-corps (B. 9). Ép. avec des restaurations considérables.

89 **Lautensack**. Paysage en hauteur avec le saule à gauche (B. 26). — Paysage en largeur (40).

90 **Le Bas**. La fraîche Matinée. — La belle Après-Dînée. 2 p. d'ap. *K. Dujardin*. Très belles ép.

91 **Leclerc** (Seb.). L'Histoire de l'Amour et Psyché, en 4 jolies pièces. Très-belles.

92 **Loir**. Saintes Familles. 12 p.

93 **Lorrain** (le). Boucliers d'Achille, d'Énée, d'Hercule. 3 p., toute marge.

94 **Lucas de Leyde**. Les quatre Evangélistes, à mi-corps. 4 p. (B. 100 à 103).

95 — Le Calvaire. Grande pièce, une des plus capitales du maître. Belle ép.

96 **Morin**. Assomption de la Vierge, d'ap. *Ph. de Champagne.*

97 **Morin**. Paysages (R. D. 95, 97, 101). 3 p.

98 **Parrocel** (D'ap.). Planches pour l'école de cavalerie de la Guérinière. 30 p.

99 **Pas** (C. de). Les quatre Eléments. 4 p. rondes.

100 **Penez** (Georges). Grammatica. — Rhetoricæ. 2 p. Belles ép.

101 — Mort de Lucrèce (B. 79). Très-belle ép. avec marge.

102 **Petits maîtres**. Aldegraver, Beham, etc.. 12 p.

103 **Poilly**. La Vierge au linge, d'ap. *Raphaël.*

104 — Sainte Famille, d'ap. *Lebrun*. Superbe ép. avant la lettre.

105 **Poilly** (J.-B. de). Le Printemps, l'Hymen de Zéphyre et de Flore. — L'Été, le Sacrifice en l'honneur de Cérès. — L'Automne, le Triomphe de Bacchus et d'Ariadne. — L'Hiver, Cybèle implore, le retour du Soleil. 4 grandes compositions d'ap. *Mignard*. Très-belles ép.

106 **Poussin** (d'ap.). La Manne, le Veau d'or Sainte-Famille, etc., 9 p

107 **Rembrandt**. Le Christ en croix (B. 82). Belle ép. Rare.

108 — Le Christ porté au tombeau (B. 84). Avec une petite marge.

109 — Vieillard la main à son bonnet (B. 259). Très-belle ép.

110 **Stoop**. Sujets de chevaux. 4 p. à l'eau-forte.

111 **Strange**. Le Retour du marché, d'ap. *Wouvermans.*

112 **Vischer**. La Vierge offrant son fils à saint François, d'ap. *Rubens.*

113 **Waterlo**. Paysages à l'eau forte. 6 p. dont 3 grandes.

114 Planches tirées du livre d'Heineken, copie de pièces rares. 9 p.

115 Animaux, d'ap. Berghem, Dujardin. etc., 6 p.

# SUJETS HISTORIQUES

## DROLATIQUES & CURIEUX

### Cortéges, Cérémonies, Funérailles.

116 **Anonyme**. Représentation de la loterie qui se doit tirer à Paris en l'Hôtel-de-Ville pour l'extinction des billets de l'État. Curieuse et rare.

117 — La Gazette, allégorie avec Espagnol. Sup. ép.

118 — Pêcheurs qui pêchent une femme.

119 — La Blanque judicieuse avec Espagnol.

120 — Couronnement de l'archiduc Joseph, roi de Hongrie. 10 p. in-4°, toute marge.

121 — Cortége funèbre de Frédéric II, roi de Danemarck; on y remarque son fils Chistian IV, ses frères, sa veuve, etc. 20 p. en forme de frises. Le n° 1 manque.

122 — La querelle à coups de pierres.

123 — M. Oursin. — M. Nigaudinet. — M. de Fierabras. — Madame Gigogne. — Pernelle. — Chinoise. 6 figures drôlatiques.

124 **Aérostat**, 1783. Expérience de Montgolfier au château de la Muette. Colorié.

125 **Assignats** de 100 francs, de 50 livres, et autres, mandat territorial en rouge, etc. Un fort lot.

126 **Baratta** (Alex.). Noble cavalcade faite à Naples en 1627, pour l'entrée du vice-roy. 6 p. en forme de frises non jointes; il doit y avoir des pièces supérieures pour la mer et le ciel.

127 **Bertaux** (Duplessis). Bataille de Jemmapes, entrée à Berlin et autre. 3 p.

128 **Bonnart**. La Médecine, l'Astrologie, la Poësie, la Mort et autres fig. allégoriques. Coloriées. 10 p.

129 **Bonnart** (chez). Combat du Mardy-Gras et du Caresme. Grande pièce curieuse.

130 **Bosse** (A.). C'est le portrait de Guillery. Pièce rare.

131 — La Déroute et confusion des Jansénistes.

132 **Bouttats**. Massacre de Henri-le Grand, roi de France, par F. Ravaillac, en 1610.

133 **Chauveau.** Louis XIV recevant la prévôté pour son entrée à Paris, 1600.

134 **Cochin** et autres. Pompes funèbres à Notre-Dame pour les reines de Sardaigne, duc d'Orléans, Dauphin, etc. 5 p.

135 **Croizier** (Marie-Anne). Vive la Danse et le Pas-de-Trois! Necker en Apollon fait danser au son de sa lyre les trois ordres. Jolie pièce allégorique. d'ap. *Touzé*. Très-belle ép. Rare.

136 **Dahlberg** (d'ap.). Panorama de la ville avec le cortège des funérailles de Charles-Gustave, roi de Suède, en 1660. Frise de 17 morceaux collée sur 7 feuilles.

137 **Demortain** (chez). Sacre de Louis XV à Reims, moment où le Roy va prêter serment, in-fol., toute marge, — Autre à l'eau-forte, in-fol., anonyme.

138 **Duplessis-Bertaux.** Adieux de Louis XVI à sa famille, in-8° et in-4°, non terminé. 2 p.

139 **Firens**, *excudit.*. Henri IV guérissant les écrouelles. Pièce historique. Rare.

140 **Flamen.** Disposition de la milice à Vincennes en 1660, pour l'entrée du Roy, in-fol.

141 **Fronens.** Les beaux rieurs. Pièce satirique.

142 **Gaillard** (chez). Opéra d'enfer, les diables purgent les usuriers, Fermiers pour leur faire rendre l'argent. Pièce curieuse.

143 **Gallays** (chez). Les crêpes du Mardi-gras. Pièce facétieuse.

144 — L'aveugle, le boiteux, le greffier, le bossu, le châtré. Pièce drôlatique.

145 **Ganiere** (chez). Le Triomphe de la Foy par la Victoire des Vertus sur les sept péchés mortels. Magnifique ép.

146 **Ganiere**, *ex*. Le secours de la paix aux nations oppressées par la Guerre et la Misère.

147 **Gibelin**. L'Unisson, — La Coalition. 2 p. rondes.

148 **Giffart** (chez). L'assemblée de Couacres.

149 **Guérard**. L'Adolescence, âge d'étude. — Vieillesse, âge de la dévotion. — La besace. — L'homme à bonne fortune. — Ménage racommodé et la culotte cédée au mari. 5 p. très-curieuses.

150 — Singeries amoureuses, 2 p. très curieuses.

151 — Proverbes à deux sujets à la feuille. 9 p.

152 **Hermanni**. Cortége des funérailles d'Ernest-Casimir de Nassau, 20 p. en forme de frises. Superbes ép. Chez Cl. Fontanus, 1634.

153 **Hollar**, 1645. Pompe funèbre de J.-B. de Tassis, tué à Bonne en 1588, in fol.

154 **Hooghe** (Romain de). Arrivée du Prince d'Orange et ses receptions en Angleterre, 1688. — Réception de la princesse d'Orange comme reine. — Mort de la reine. — Batailles, etc. 6 p. in-fol.

155 — Mariage de Guillaume III et de Marie, avec texte, grand in-fol. — Autre avec sept sujets des différentes cérémonies. 2 p.

156 — Entrevue de Louis XIV et de Jacques II à Saint-Germain-en-Laye Pièce in-fol. magnifique, contenant 11 sujets, sa fuite, arrivée à Calais, etc. Superbes ép.

157 **Hooghe**. Voyage de Sa Majesté Britannique en Hollande, 15 p. sur 13 feuilles in fol. Arcs-de-Triomphes, réceptions etc. Sup. ép. avec marge.

158 — Arrivée du roi Georges I$^{er}$, de la princesse de Galles en Angleterre. 1714. Maladie, funérailles. 8 p.

159 — Charles II d'Espagne faisant monter le viatique dans son carrosse.

160 — Cortége de funérailles à Withall, en 7 feuilles en forme de frises.

161 — L'hôpital des Torys insensés sous la cure d'un médecin des Whigs. — Triomphe de Léopold 1$^{er}$. — Funérailles. — Batailles. — Malborough et Eugène de Savoye. — Triomphe des libérateurs de la Hongrie, — Couronnement, etc., etc. 18 p. in-fol. et grand in-fol. en 2 feuilles.

162 **Humbert**, *ex*. Les grandes magnificences faites à l'oison tiré au retour de Sa Majesté. Pièce curieuse de l'époque de Louis XIV.

163 — La déroute des Cormorans. Grande pièce curieuse.

164 **Koh** à Rome. Serment français de Montenesimo, fait historique et glorieux.

165 **La Bella**. Entrée à Rome de l'ambassadeur de Pologne en 1633. — 6 p. en forme de frises.

166 **Lagniet** (chez). La Fureur des Manceaux. Sujets sur cette histoire sur la même feuille, Curieuse.

167 **La Ruelle** (Claude de). Cérémonies des funérailles de Charles III de Lorraine, composée des 10 grandes tables, chambres funèbres et cérémonies, et 48 planches forme de frises représentant le cortége du convoi. Collection très-rare à trouver réunie avec texte, etc.

168 **Leclerc** (Séb.). Louis XIV instituant le Jardin des Plantes. Belle pièce.

169 **Lenfant** (chez). Vive bonne France et Louis de Bourbon, Colin-Tampon, etc. — L'Apollon de la grève. — Le Triomphe bacchique. — L'Apothicaire 4 p. rondes. Curieuses.

170 **Le Pautre**. Triomphe médaillique à la mémoire de Ch. Marquis et comte de Rostaing, la grande pièce aux Éléphants, Rare.

171 — La triomphante entrée du Roy et de la reine à Paris, 1660, avec explication. Très-grande pièce forme de frise en 5 feuilles non jointes, toute marge.

172 — Le Jeu de la guerre, d'ap. La Boissière, Grand in-fol. Pièce rare.

173 **Marot**. Principale entrée du Louvre, le Te Deum chanté à Notre-Dame, Intérieurs du Val-de-Grâce, de la Sorbonne, Arcs-de-Triomphes, 8 p.

174 **Moreau** (chez). Concert mélodieux donné par les animaux.

175 **Nelli** (N.), 1565. La vénérable poltroneria regina di cucagnia. Pièce drôlatique.

176 **Perissin et Tortorel**. Colloque de Poissy. bois. — L'ordonnance des armées à Dreux, la 4ᵉ charge, la Retraite de Dreux. — Orléans assiégé en 1563. — L'ordonnance des deux armées à Moncontour, 1569. Ces pièces sont collées en plein. — Mort de Pardaillan et de la Renaudie, en bois ; le titre du haut manque. Ces 7 pièces ont le texte français.

177 **Picart**. (B.), 1704. Séance ordinaire des Etats du Languedoc, grand in-fol.

178 **Poilly** (De). Louis XV tenant son lit de Justice pour la première fois en 1715 d'après Delamonce. Très-belle ép. d'une superbe pièce avec les noms de tous les personnages dans la marge.

179 **Ransonnette**. 1790. Henri IV ramené au Louvre après le coup funeste qu'il reçut rue de la Féronnerie, 1610. Grande et belle composition.

180 **Rosaccio** (Alouisio). Histoire d'Henri IV? Batailles, Faits d'armes, Réceptions, Mariage, Couronnement. 25 p. à l'eau-forte, in-4°. Très-rares.

181 **Tempesta**. Triomphe d'un Empereur romain, grande p. en 2 feuilles non jointes, où se voit l'ordre du cortége. — Ordre du cortége lorsque le grand Turc fait une cavalcade, en 5 frises. — Ordre du cortége du Pape à son voyage à Ferrare, en 1598. Grand in-fol. formant cinq bandes de frises. 8. p.

182 **Titres** d'ouvrages in fol. ornés de figures allégoriques, attributs. 9 p.

183 **Vos** (d'ap Martin de). Scènes allégoriques sur les guerres de Belgique. 7 p. Très-belles

184 **Divers**. Foire d'Amsterdam, les Bourgeois sous les armes saluent les Bourgmestres. Très-grande pièce en 2 feuilles, grand in-fol. non jointes.

185 — Sujets drôlatiques et plaisants, le combat pour le gain, les cornards, l'homme et le singe, l'homme et les chats, le borgne, l'homme de mesnage, la rencontre des deux montagnes, complainte, les

tables de Cébès, l'assemblée des nouveaux Francs-
Maçons; l'homme, son âme et son ane. 29 p. du
xvii° siècle. Très-curieuses.

186 — Portes et Arcs-de-Triomphes pour l'entrée du
Roi Louis XIV, et autres cérémonies françaises et
étrangères. Plusieurs de la plus grande richesse.
21 p.

187 — Feux d'artifices et décorations à Paris et Versailles sous les règnes de Louis XIV et Louis XV.
20 p.

188 — Sujets historiques de France, règnes de Louis
XIII, Louis XIV et Louis XV, assemblées, entrées
triomphales, bals, lits de justice, rue Quincampoix,
décorations, pour fêtes et cérémonies, statues, plan
de la Ville de Bordeaux, etc. 33 p.

189 — Couronne de pierreries qui a servi au sacre de
Louis XV, dans sa vraie grandeur, avec explication
des brillants. — Couronne de pierreries dans sa
vraie grandeur, qui a servi au mariage de la reine
M. Leczinska. — Le mariage de Louis XV. Allégorie. — L'heureux accouchement de la reine qui a
donné deux princesses, 1722. — Dame en trai-
neau, 1729. — Cérémonies des chevaliers du Saint-
Esprit. 6 p. de l'époque.

190 — Dernière entrevue de Louis XVI avec sa famille,
grand in-fol.

191 — Règne de Louis XVI, Testament, Formes acer-
bes, Pillage à Strasbourg, Mort du duc de
Berry, etc. 14 p.

192 — Religieux, la Messe dans la chapelle Sixtine,
conclave, saint Lambert. Paris, Desfontaines, etc.
9 p.

193 — Etrangers, Angleterre, Allemagne, Italie, Entrées triomphales, Assemblées, Batailles, etc. 36 p.

194 **Sujets historiques** très-petits. Le Maire citoyen, les Travaux du Champ-de-Mars, Ici l'on danse, la Fête des Champs-Elyeées, le Pacte fédératif, les jeunes Soldats parisiens et autres. 12 p.

195 Sujets divers, Costumes, Vues de Paris, Portraits. 49 p. 2 lots.

## VUES DE PARIS & AUTRES

196 **Bellicard**. Loge des changes de Lyon, d'apr. *Soufflot*. Très-belle ép.

197 **Berthault**, 1785. Vues intérieures de Paris, le Port au bled, le Port Saint-Paul. 2 p. Sup. ép. avant les lignes de dédicace.

198 **Blondel**. Intérieur d'une grande composition d'architecture, avec grand nombre de figures. Manière noire.

199 **Canova** (d'ap.). Tombeau de l archiduchesse Christine. In-4 et in-fol. 2 p.

200 **Crespy**. Nouveau plan de Paris dressé sur les mémoires les plus nouveaux, 1739, entouré de monuments et palais des environs, en 8 feuilles réunies.

201 **Duflos** (F.-P.). Vues de Rome. 22 p.

202 **Le Geai**. Vues de Rome. 14 p.

203 **Marot** et autres. Hôtels de Rohan, Soubise,
Noailles, Lorge, Pompadour, Maisons diverses à
Paris, Châteaux d'Issy, Boufflers, Sceaux, etc.
Vues, Elevations, Coupes et Plans. 148 p. Pourra
être divisé.

204 **Moreau** (E.). Le somptueux et magnifique édi-
fice de l'Hôtel-de-Ville de Reims. Belle ép.

205 **Queverdo**. Château de Ferney côté du nord.
Vue des délices de M. de Voltaire, près Genève.
2 p., toute marge.

206 **Silvestre** (Israël). Vues du Louvre, des Tuile-
ries, de l'hôtel de Soissons et du fort royal dans
le jardin du palais Cardinal. 10 p.

207 — Palais d'Orléans, Luxembourg. 7 p.

208 — Paris et environs. Château de Madrid, Meu-
don, etc. 9 p.

209 — Fontainebleau. Divers côtés. 14 p.

210 — Nancy et environs. 7 p.

211 — Château de Tanlay. 9 p.

212 — Ancy-le-Franc 4, Berny, Chantilly 2, Escoan,
Frémont 2, Lyon, Château de Marlou, Moné,
Pacy, Tonnerre, Château de Villeroy, etc. 26 p.

213 — Les églises des stations, et autres vues d'Italie.
34 p.

214 — Maison de Saint-Cloud, Vaux. etc. 3 p. in-fol.

215 — L'Hôtel-de-Ville, le Louvre, Jardin d'en haut
de Gaillon, Fontainebleau, Tanlai, Lyon, etc.
17 p.

216 — Château de Chambord — Perspective du château de Gaillon. — Canal de Fontainebleau. —
Jardin et cascades de Vaux, etc. 7 p. in-fol.

# ORNEMENTS

230 **Grondoni** (d'ap.). Ornements de bijouterie, joaillerie. 2 jolies p. à plusieurs motifs.

231 **Jager** (d'ap.). Fruits et légumes en groupes pour ornements. — Enroulements de feuillages et encadrements de sujets, par autre. 13 p.

232 **Lajoue.** Fontaines et cartouches. 6 p.

233 **Lefebvre** (F.). Livre de fleurs et feuilles pour servir à l'art d'orfévrerie, 1639. Au bas se trouvent des figures, d'ap. Callot. 6 p. Rares.

234 — La Perspective de Notre-Dame de Paris. Saint-Denis en France. Ces deux vues sont surmontées de riches motifs d'orfévrerie 2 p. Rares, marge.

235 **Legaré** (d'ap. Gilles) Pendeloques, nœuds de diamants et autres objets de joaillerie. 4 p. Rares.

236 **Lepautre**. Ornements de plafonds, tabernacles, autels, bancs-d'œuvre, tombeaux, etc. 42 p.

237 — Vase, burette, alcôves, cheminées, portes, panneaux, grottes, etc. 27 p.

238 — Portes cochères 5, cheminées 6, portails d'église à l'italienne 12, chaires 10, eaubénitiers 9. 42 p.

239 — Fontaines et cuvettes 6, vases à l'antique 6, vases à la moderne 6, vases ou burettes 6. 24 p.

240 — Clôtures d'autels, vases, portes, cheminées, etc. 42 p.

241 — Plafonds, alcôves, serrureries, etc. 38 p.

242 **Mignot** (Daniel). Pendeloques avec figures en silhouettes pour émailleurs. 2 p. Rares.

243 **Pillement**. Études de figures chinoises. 8 p. Très belles.

244 — Fleurs formées de plumes. 4 p. rares.

245 **Pillement**. Chinois, chariots et sujets coloriés. 10 p., marges.

246 — Pêcheurs et chasseurs, et oiseaux fantastiques. 7 p. Très-belles, marges.

247 **Raimbau** (M^{lle}). Aigrettes, boutons, pendéloque, médaillons, nœuds, boucles, décorations, et autres objets de joailleries, bijouteries et montures de diamants. 65 p.

248. **Scalzi** (d'ap. L.). Feuillages, enroullements, encadrements, etc. 18 p. gravées par Cœsar Dominichius, de 1598 à 1607. Aug. Vénitien, etc.

249 **Vauquier**. Petits sujets religieux pour boîte, avec frises pour les orfévres. 7 p.

250. **Vues**. Fontaines monumentales, places publiques, intérieurs de palais, 20 p.

# LIVRES A FIGURES

251 Souvenir d'une promenade à Versailles, choix des plus beaux tableaux. 31 pl. et les tables de bronze, broché. Col. Gavard.

252 **Brulliot**. Dictionnaire des monogrammes, etc., en 3 part. Munich, 1832-1834. In-4, 3 vol., d.-r. v. violet.

253 **Denaix**. Atlas historique de la France. 13 cart. pliées en deux avec texte in-fol., vol., dos toile.

254 — Atlas de l'Europe. 33 cart. et texte in-fol. 1860, vol., dos toile.

255 **Maurisset**. Les Cent et un rebus charivariques gravés sur bois avec explications. Cahier oblong.

256 **Musée Français, Anglais**. Cahier, cent gravures sur bois et texte explicatif. Br.

257 **Owen Jones**. Grammar of ornament, illustré d'exemples d'ornements de styles variés. 100 pl. in-fol. dessinées sur pierre par Bedford et imprimées en couleur par Davy et fils. Londres, 1856. Magnifique vol. d.-rel. in-fol., dos et coins mar. Lavalière, fer doré à plat, tranche dorée.

258 **Rouargue**. Album des bords de la Loire. 50 magnifiques gravures sur acier et sur chine. Paris, 1856. Album oblong, fers dorés à plat, tranche dorée.

259 **Vuillemin**. Atlas de géographie, commercial et industriel. 8 cartes pliées en deux, d.-rel. in-fol.

260. Le Livre du très-chevalereux comte d'Artois et de sa femme, fille au comte de Boulogne, avec fig., d'ap. les manuscrits. Vol. in-4. Paris, Techner, 1837. Br

261 Le sacre et couronnement de Louis XVI à Reims, 1775. Vol. in-8, enrichi d'un grand nombre de fig. gravées par Pattas. Paris, 1775. Carton. toile.

262. Le Moyen Age pittoresque avec texte archéologique, descriptif et historique, par M. Moret. 180 pl. en 5 vol. in-fol. d.-rel.

263 Pictures of life et character by John Leech, de la collection de M. Punch. En 4 part. 4 albums in-fol. oblongs. 190 feuilles contenant très-grand nombres de sujets gravés sur bois.

**264**. Plantes naturelles de la mer collées sur papier.
100 p., vol. in-4, rel. en toile.

# PORTRAITS

265 **Les Émaux de Petitot** du Musée impérial
du Louvre. 2 vol. in-4 de 20 portraits demi-rel.
maroq. vert et 10 livraisons, ouvrage complet,
50 portraits et texte explicatif.

266 — Le même ouvrage en 50 livraisons superbes
ép. avant la lettre en feuilles.

267 **Anonyme**. L'Héroïne de 1815 (duchesse d'Angoulême). L'Héroïne de 1428 (Jeanne d'Arc). 2 jolis
portraits in-8. Toute marge.

268 **Anonyme**. Marie-Antoinette, Louis XVI. 2 port.
de profil en regard, imageries du temps. Très rares.

269 — Mitantier, greffier de l'Hôtel-de-Ville. In-fol.,
contre-partie de celui de Drevet. Superbe ép. av.
toute lettre.

270 **Audinet**. J.-B. Clery, dernier serviteur de
Louis XVI. In-4, d'ap. *Danloux*. Rare.

271 **Audran**. Jean d'Estrées légat en Espagne.

272 **Audran** (B. et J.). Statue équestre de Louis XIV,
érigée à Lyon. Très grand in-fol.

273 **Balechou**. Crébillon, in-4 et in-fol. Don Philippe, infant d'Espagne. 3 p.

274 — La Force (mad. de Châteauroux), in-fol. en
trav., d'ap. *Nattier*. Superbe ép.

275 **Beauvarlet**. Le comte d'Artois enfant et Madame sur une chèvre, d'ap. *Drouais*. In-fol.

276 **Bein**. C. Delavigne, in-4. Portrait d'homme, costume pour le sacre. 3 p.

277 — Pascal en pied, in-4, d'ap *Flandrin*.

278 — Louis-Philippe I<sup>er</sup>, roi des Français. Buste dans un riche encadrement de *Baltard*.

279 **Beisson** Paisiello, d'ap. mad. *Lebrun*. In-fol.

280 **Bollinger**. Duc et Duchesse d'Angoulême, 1814. In-8. 2 très-jolis portraits toute marge in-4.

281 **Bonnart**. Marquis de Boufflers. Catinat. 2 port. équestres. Anne de Neubourg. M. Vincent de Paul. 4 port.

282 **Bonnart** (N.). Nicolas Duval, écrivain juré, 1670.

283 **Boutta's**. M.-A.-Victoire de Bavière, dauphine de France, in-fol.

284 **Carmontelle** (d'après de). La malheureuse famille Calas, par *Delafosse*, ép., toute marge.

285 — Famille Mozart. Léopold, le père. Marianne et Wolfgang, âgé de 7 ans. Pièce rare, par *Delafosse*, 1764. un peu rogné du haut.

286 **Cars**. Michel Anguier, sculpteur, petit in-fol., d'après *Revel*. Très-belle ép., toute marge.

287 **Cathelin**, 1770. Joseph Vernet, peintre, d'après *Vanloo*. Belle ép., in-fol.

288 **Ceroni**. Madame la marquise de Maintenon, d'après l'émail de *Petitot*. Magnifique ép. sur chine, avant toute lettre, grand papier. Très-rare.

289 — Madame de Sévigné, d'après *Nanteuil*. Magnifique ép. sur chine, avant toute lettre, grand papier. Très-rare.

290 **Chenay** (Paul). Balzac, d'après *L. Boulanger*, in-4°, ép. avant toute lettre, marge, in-fol. Très-belle.

291 — Victor Hugo, in-8°, de face, avec fac-simile de signature, 1860. Marge, in-4°, sup. ép.

292 **Chereau**. L.-A. de Pardaillan de Gondrin, duc d'Antin. d'ap. *Rigaud*, très-belle ép. in-fol., toute marge.

293 **Clément**, d'ap. *Boilly*, 1800. Réunion d'artistes, acteurs, architectes, littérateur, musicien, peintres et sculpteurs, 29 têtes réunies, avec la pl. explicative, 2 pièces in-fol.

294 **Cochin**. Eust. Lesueur, peintre. Nic. Coustou, sculpteur, par *Dupuis*, 2 pièces in-fol.

295 **Cochin**. Jacques Sarazin l'aîné, de Noyon, sculpteur, in-fol.

296 **Cochin** (d'ap.). Louis XVI, Marie-Antoinette; ils sont en pieds entourés de figures allégoriques, médaillons équarris, par *De Longueil* 2 pièces.

297 **Cochin** (d'ap.). Portraits d'artistes et célébrités de l'époque, par *St-Aubin*, *Watelet*, etc. 11 p.

298 **Cochin** (d'ap.) et autres. Boucher, Condorcet, Laplace, Roettiers, etc. 6 p. in-4°.

299 **Cousins**. Napoléon III, Eugénie, impératrice, 2 très-beaux portraits en pied, d'après *Winterhalter*.

300 **Crepy** (chez). Mademoiselle Raucourt, in-4°, très-belle ép. Rare.

301 **Dasori** (J.-B.). Louis XVI en manteau royal, en pied, in-4°, toute marge. Profil en buste par Louise Ad. *Boizot*, in-4°, marge. 2 p.

302 **Daullé.** Madame Favart en pied, rôle de Bas-
tienne, d'ap. *Vanloo*, in-fol.

303 — De Lapeyronnie, célèbre chirurgien à mi-corps,
in-fol., ép. avant la lettre.

304 **Delacroix** (Eugène). M. Martial Marcet, abbé,
d'ap. le dessin, d'après nature, par *Devéria*. Rare.

305 **Delaroche** (d'ap.). Le général Bonaparte fran-
chissant les Alpes, par *Alph. François*.

306 **Desrochers.** Louis XIV, Marie-Thérèse, 2 p.

307 — Philippe de France, La Palatine. 2 p.

308 — Louis dauphin, Madame Christine-Victoire de
Bavière. 2 p.

309 — Le duc et la duchesse de Bourgogne. 2 p.

310 — Arnauld (Antoine). Henri, évêque d'Angers,
la mère Angélique. 3 p.

311 — D'Argenson, L'Héritier, Louvois, Eugène de
Savoie, Vendôme, etc. 7 p.

312 — J.-N. Colbert, C.-M. Letellier, N. Pavillon, Le-
tourneux, Santeuil, etc. etc. 12 p.
Tous ces portraits sont en épreuves magnifiques.

313 **Desrochers.** Fr. Verdier, peintre, in-fol., d'ap.
*Ranc*.

314 **Dien.** Charles et Henri, marquis de Sévigné,
d'ap. *M. de Chateaubourg*, 2 charmants portraits,
in-8°. Très-belles ép., marge.

315 **Drevet.** François-Louis de Bourbon Conti, en
pied, suivi par un nègre, grand in-fol.

316 — Jean Forest, peintre, in-fol.

317 — J.-B. Keller, com.-général des fontes de l'ar-
tillerie, in fol., d'ap. *Rigaud*.

318 — Madame J.-J. Keller, d'ap. *Rigaud*.

319 — Pierre Gillet, procureur, d'ap. *Rigaud*, in-fol.

320 — Hélène Lambert, dame de Motteville, in-fol..
d'ap. *de Largillière*, très-belle ép.

321 — Cardinal de Fleury, in-fol. Louis d'Orléans, in-
4°, avant le nom sur la tablette.

322 **Duflos**. Cl.-Cath. de Clermont, duchesse de Retz.
M.-R. de Voyer de Paulmy, marquis d'Argenson,
garde des sceaux, in-fol., d'ap. *Rigaud*.

323 **Dupin**. A.-R.J. Turgot, contrôleur des finances,
profil, grand in-8°, d'ap. *Cochin*, sup. ép., toute
marge.

324 **Duponchel**, 1781. C. Le Beau, in-8°. Rare.

325 **Dyck** (d'ap. Van). Marie d'Autriche, Maria
Clara de Croüo, Honorius Urfeius. Ces trois portraits sont avec J. Meyssens.

326 — Columna, Ertvelt, Fabri de Peiresc, Th. Galle,
Palamèdes, Th. Rombouts, Sachtleven, Voerst,
Wolfart. 9 p.

327 **Edelinck** (G.). Bossuet. (R.D. 156.) Très-belle
ép., in-4°, 1er état, marge.

328 — J.-B. Colbert. Médaillons ornés d'enfants de
chaque côté·

329 — Fabert, Grammont, Lamoignon, Pomponne,
Sarrasin, 5 p., très-belles ép.

330 — Louis XIV à cheval, la Thèse de la Paix (R.
D. 259). En 2 feuilles non jointes.

331 — Jules Hardouin Mansard, in-fol., d'ap. *Vivien*.

332 — N. Blampignon (R. D. 153), avant l'adresse
de Gaillard, Ch. D'Hozier (184), Ferdinand de Pa-
derborn (203), M. Lepeletier Seig. de Sousy (322),
4 p.

333 **Fessard**. Dorat, médaillon sur son tombeau entouré d'une muse, d'amours et d'attributs dans un encadrement élégant, d'ap. *Hoin*. Sup. ép. in-4°, toute marge.

334 **Ficquet**. Lamotte-Le-Vayer, superbe ép. avant les noms d'artistes, marge.

335 — Madame de Maintenon, superbe ép., grande marge, papier double.

336 — A Farnèse. Le Courayeur, Ossat, Puffendorff, 4 port. in-8°.

337 **Flamet**. Pigeot, graveur, d'ap. *C. Rousseau*, 1839, in-4°, sur chine. Rare.

338 **Flipart**, 1763. Jean-B. Greuze, peintre, d'après lui-même, profil, in-4°. Très-belle ép. Rare.

339 **François** Leonora Galigai, femme du maréchal d'Ancre, in-8°, marge. Belle ép.

340 **Gaucher**. Madame la comtesse *Dubarry*, d'après *Drouais*. Charmant petit portrait, dans un médaillon entouré de roses. Très-belle ép., toute marge.

341 — Louis-Auguste, dauphin de France (Louis XVI). Charmant portrait, in-8°, entouré de lis et de roses. Sup. ép.

342 — J.-B. Marduel, curé de St-Roch, 1749, in-4". Sup. ép. Marge.

343 **Gaultier** (Léonard). Henri de Bourbon Condé, âgé de 8 ans, en pied, 1595, in-4°. Rare.

344 — Henri de Bourbon Condé, âgé de 16 ans, 1604. En buste, in-8°. Belle ép.

345 — Jean de Renou, médecin d'Henri IV, in-4", 1608. Très-belle ép., avec texte au verso.

346 **Grignon**. Ch. de Ste-Maure, duc de Montausier, César de Vendôme, 2 p. in fol.

347 **Gunst**. Eugène de Savoie, petit in-fol. Sup. ép.

348 **Henriquez**. Louis XVI, d'après *Boze*, 1785, in-fol. Belle ép.

349 **Hortemels**. Melchior, cardinal de Polignac, in-fol. d'ap. *S. Belle*.

350 **Hubert**. Marie-Antoinette comme dauphine, profil, médaillon entouré de fleurs. — En veuve, profil, par Classens et par Legoux, 3 p. in-8°.

351 **Jouliain**. F. Desportes, peintre, en pied, in-fol. Belle ép.

352 **Langot**, Et. Chevalier, secrétaire de Charles VII et Louis XI, in-4°. Très-belle ép.

353 **Larmessin**. Philippe, duc d'Anjou, in-4°.

354 — Louis XIV, in-fol.

355 — Pierre Mayeur, abbé de Clairvaux, in-fol.

356 — Marie-Josèphe de Saxe, dauphine de France, en pied, d'ap. *Vanloo*. Très-belle ép., in-fol., marge.

357 **Lasne** (Michel). F. de Chanvalon, archevêque de Rouen, petit in-fol.
— Ant. de Loménie, secrétaire d'État, in-4°.
— Cl. Regnauldin, conseiller, petit in-fol.

358 **Le Beau**. Madame Victoire-Louise-Marie-Thérèse de France, fille de Louis XV. Médaillon entouré de fleurs, in-4° Sup. ép. Toute marge, très-rare.

359 — Madame la marquise de *Pompadour*, en nymphe, d'après *Queverdo*, in-8°, marge, in-4°. Très-belle.

360 — F.-A.-M. de *Raucourt*, au bas une scène, in-8°. Sup. ép., marge.

361 **Lebert**. Profil de Marie-Antoinette, d'ap. l'original peint à Vienne, par *Kernosckii*, Polonais. Rare.

362 **Lemire**. Lafayette en pied devant son cheval, tenu par un nègre. Très-belle ép., marge, in-fol.

363 — Louis XVI, in-4°. Très-belle ép., marge.

364 **Lenfant**. Leroux de Maleville, doyen d'Evreux, in-fol. — Portrait anonyme, par Lochon, 1653, d'après *Ph. de Champagne*. 2 p.

365 **Leroux**, 1824. Lafayette en pied, d'après *Scheffer*. Sup. ép. d'artiste. Chine.

366 **Le Seur**. M. le duc de Luynes, costume de dragon, in-4°, colorié.

367 **Lips**. Lanjuinais, Lebrun, Louvet, Rœderer, Vergniaud, 5 p. in-8.

368 **Longhi**. Bonaparte à Arcole, in-fol.

369 **Manceau**. Georges Sand, très-beau portrait, grandeur naturelle, d'après *Couture*.

370 **Mariette** (chez). Madame de..... en Magdeleine, jeune femme éplorée (Mme de la Vallière?). Sup. épreuve.

371 — Louis-le-Grand en pied. — Autre avec chapeau, chez *Trouvain*. 2 petit in-fol.

372 **Masson** (A.). Jérôme Bignon (R. D. 13.), in-fol. avant dernier état.
    — André le Nostre (R. D. 55), in-fol.

373 **Meerlen**. Achille de Harlay, premier président au Parlement de Paris, in-fol.

374 **Mellan**. Henriette-Marie de Buade Frontenac, in-fol.

375 **Miger** (S.-C.). M^me Geoffrin, in-4 Superbe ép.

376 **Moitte** (C.-J.-F.) Hénault, d'après *Saint-Aubin*, in-fol.

    — Jean Restout, peintre, in-fol., d'après de *La Tour*, marge.

377 **Momal**. H.-G. Mirabeau, ovale, in-4. Rare.
    (Momal était professeur de l'Académie de Valenciennes.)

378 **Montcornet**. Louis XIII et Anne d'Autriche. 2 p. in-4, en travers, médaillons entourés de fleurs et de fruits. Très-belles ép. Rares.

379. — Personnages historiques, siècle de Louis XIV. 40 p.

380 — Henri IV. — Longueil. — Perefixe, par *Daret*. — Fénelon, par *Habert* et autres. 10 p.

381 — Les Heures du jour, les Sens et autres femmes en bustes, ovales, in-8. 14 p.

382 **Mondhare** (chez). Marie-Antoinette en habit de Cour et manteau royal. — Louis XVI dans ses habillements et attributs de la Couronne. 2 portraits en pieds, imageries du temps, coloriés. Très-rares.

383 **Morin**. Omer Talon, avocat (R. D. 74).

384 **Muller**. Camille Jordan, in-4, avant la lettre.

385 **Muller** (J.-G.) Louis XVI en manteau royal, d'après *Duplessis*. Epreuve avec marge.

386 **Muller** (H.-C.). J. Laffitte, in-fol., d'après *Scheffer*. Très-belle ép. sur chine, toute marge.

387 **Nanteuil**. Jacques Amelot (R. D. 19). Très-rare.

388 — Michel Le Masle, prieur des Roches(R. D. 126).

389 — Bochard de Sarron (R. D. 42).

390 — Marquis de Castelnau (58).

391 — Chapelain (60). 2$^{me}$ des 4 états.

392 — B de La Valette d'Epernon (91).

393 — Melchior Gillier (102).

394 — Lotin de Charny (151), avant dernier état.

395 — J.-F. Sarrasin (220).

396 — Georges de Scudéri (221). 1$^{er}$ état.

397 — Louis de Suze, évêque (227). 1$^{er}$ état.

398 — Guil. de Lamoignon (R. D. 120).

— J. de Maupeou, évêque de Châlons-sur-Saône (R. D. 173.). Collé.

— Edouard Molé (R. D. 193.). Collé.

399 **Née et Masquelier**. Le déjeuner de Ferney, in-4, toute marge.

400 **Noblin**. Hyac. Boniface, jurisconsulte d'Aix. Petit in-fol., d'après *Gribelin*.

401 **Odieuvre** (suite d'). Comtesse de Grignan, Marie-Thérèse Dauphine, Richelieu, etc. 13 p.

402 **Parrocel** (d'après). Le marquis de Beauvilliers.
— Le marquis de La Ferté. 2 portraits équestres. in-fol.

403 **Pelletier**. Les 12 Césars à cheval.

404 **Petit**. H. Arnauld de Pompone, abbé de Saint-Médard, etc., d'après *Vanloo*, in-fol.

405 — H. Bachelier, seigneur de Montcel. Petit in-fol.. marge.

406 — Marie Leczinska, d'après *Vanloo*, étant jeune, in-fol. — d'après *Latour*, in-4. 2 p.

407 — Armand-Jules de Rohan, archevêque de
Reims, in-fol. Belle ép.

408 **Petitot** (d'après). M$^{lle}$ de Fontanges; M$^{me}$ de
Grignan; M$^{lle}$ La Vallière; Maintenon; M$^{lle}$ de
Montpensier, duchesse de Montpensier; Ninon de
Lenclos; F.-M. d'Orléans, duchesse de Savoie;
Marguerite de Lorraine, duchesse d'Orléans; Marie-Louise d'Orléans; M$^{me}$ de Sévigné; Richelieu,
cardinal; suite complète avant toute lettre, papier
de Chine. 12 p. in-8., gravées par Johannot, Lecomte, Kœnig, etc., marge.

409 **Picart** (B.). Le Régent, médaillon soutenu par
Apollon, Minerve, etc. Petit in-fol. en travers.

410 **Picart** (J.). H.-L. Castaneus de Larochepozay,
évêque de Poitiers, in-4. Rare.

411 **Pitau**. R. P. Dom. Calmet, prior de Layo, d'a-
près *Fontaine*. 1716. Belle ép., toute marge.

412 **Poilly** (J.-B.). C. Van Cleve, sculpteur, in-fol.,
marge.
— F. de Troy, peintre, in-fol.

413 **Poilly** (N. de). Magistrat anonyme, in-fol., d'a-
près *Mignard*.

414 **Poilly** (F. de). Philippe V, roi d'Espagne, in-fol.,
d'après *de Troy*.

415 **Pontius**. Philippe IV, roi d'Espagne. — Elisabeth de Bourbon. 2 p. in-fol., d'après *Rubens*.

416 **Preisler** (J.-M.). Le cardinal de Bullion en pied,
qui a ouvert la porte sainte pour le Jubilé de 1700,
à la place d'Innocent XII, malade. Très-belle
ép.

417 **Prieur**. La Reine à la Conciergerie, tiré du cabinet de l'abbé Carron (portrait de Marie-Antoinette), in-4., en veuve. Belle ép.

418 **Ribault**. Bernardin de Saint-Pierre, in-4. Superbe ép. avec les armes, avant la lettre, marge, in-fol.

419 — Marie-Louise, d'ap. *Bosio*. Superbe ép., toute marge.

420 — Napoléon en pied, costume du sacre avec chapeau à plumes. — Costumes dont celui de grand juge tirés du sacre. 3 p. Epreuves d'artistes.

421 **Sadeler** (Eg.). Lucrèce Borgia, dite la dame au nègre.

422 **Saint-Aubin** (Aug. de). Le duc de Chartres (qui fut Egalité) et sa famille. Belle composition, d'après *Lepeintre*. Très-belle ép.

423 — Fenouillot de Falbaire de Quingey, inspecteur des Salines, in-8. Superbe ép. marge, in-4.

424 — Gluck, joli petit portrait in-8. Médaillon entouré de chênes et de lauriers. Superbe ép., marge, in-4.

425 **Saint-Jean** (d'après de). La reine en pied, in-fol.

426 **Sandrart**. Gab.-Charlotte Patin, entourée de traits de plume, in-4.

427 **Sauvé** (chez J.). Louis, dauphin de France, fils de Louis XIV, à mi-corps, cuirassé, encore enfant, grand in-fol. Rare.

428 **Savart**. Colbert, in-8. Adresse, barrière de Fontarabie.

429 — Richelieu, cardinal, in-8.

430 **Scheffer** (d'après). **M.** Benoît Fould, par *Paul Chenay*, 1844. Superbe ép. avant la lettre. Très-rare.

431 — M. Rodrigues, musicien amateur, par *Aug. Blanchard*, 1853. Très-belle ép. Rare.

432 **Schmidt**. L.-A. de Brand, baronne de Grapendorf.

433 **Schmidt** (F.-G.). Le comte d'Evreux, in-fol. Belle ép.

434 **Schuppen** (Van). Ch. de Saveuse, prêtre, in-8.

435 — Louis XIV étant jeune, d'après *Mignard*, in-4.

436 — F. de Nesmond, évêque de Bayeux, in-fol.

437 — Philippe d'Orléans, frère du roi, grand in-fol.

438 — Michel Letellier, chancelier, d'après *Nanteuil*, grand in-fol.

439 — Mazarin avec quatre emblèmes. Très-belle ép. in-fol., d'après *Mignard*.

440 — Ch. d'Anglure de Bourlemont, archevêque de Toulouse. — A. Chassé, prieur de Saint-Vaast d'Arras. — N. Le Camus. — Ch.-Maurice Letellier. — Seguier, chancelier. 5 p. in-fol.

441 **Simon** (P.). 1693. Louis, dauphin, fils de Louis-le-Grand, grandeur naturelle. Belle ép. Rare.

442 **Simonneau**. Bourdaloue, in-4, d'après *Jouvenet*. Magnifique ép., grande marge. C'est le plus beau portrait du personnage.

443 — Nicolas Mesnager, petit in-fol.

444 **Sixdeniers**. Toullier, auteur du *Droit civil français*, manière noire, in-fol., toute marge.

445 **Skelton**. J.-Franc. Lamarche, évêque et comte de Léon, en pied, grand in-fol., d'après *Danloux*.

446 **Tardieu**. M$^{me}$ du Boccage, in-8.

447 — Turgot, d'après *Ducreux*, in-8., marge, in-4.

448 **Thomassin**. J.-P. Bignon. — Louis XIV entouré de figures allégoriques. 2 p. Belles ép., in-fol.

449 — Le grand Condé, médaille, in-4., d'après *Cheron*.

— Louis, duc de Bourgogne, petit in-fol.

450 **Thourneyser**. C. de Silvecane. — Robert Gravel. 2 portraits, in-fol.

451 **Trouvain**. M$^{me}$ la duchesse de **Bouillon**, en deshabillé négligé sur un sopha, en pied. Superbe ép. petit in-fol., petite marge. Rare.

452 — Dom.-Alexis du Buc, petit in-fol.

453 — Nicolas le Tourneux, prieur de Villers, in-8$^v$, avec la tablette blanche. Rare.

454 **Turner**. Duc et duchesse d'Angoulême. Superbes ép. avant toute lettre, toute marge, in-fol., 2 p. en bistre.

455 **Vallée** (Simon). Jean de Troy, peintre, d'ap. *F de Troy*. Belle ép. in-fol., marge.

456 **Vallet**. Louis Dauphin, fils de Louis XIV, grandeur naturelle, d'ap. *Jouvenet*, 1677. Belle ép. grand in-fol.

457 **Vermeulen**. P. V. Bertin, in-fol., d'ap. *Largillière*.

— F. de Montmorency, duc de Luxembourgs, in-fol.

458 **Vermeulen**. L. U. Lefevre de Caumartin. — Magalotti. — Maximilien Emmanuel, électeur. — J.-A. de Mesmes, comte d'Avaux, 4 p. in-fol.

459 **Vestier**. Henri Masers de Latude, in-fol. à mi-corps, montre la démolition de la Bastille.

460 **Vorsterman**. Ch. de Longueval entouré de figures allégoriques, grande p. d'ap. *Rubens*.

461 **Voysard**. Louis Gillet, dit Ferdinand, maréchal des logis au régiment d'Artois, profil posé sur les scènes qui l'ont illustré d'ap. *Borel*, in-4°. Belle ép.

462 **Walker** (W.). Sir Henri Raeburn, peintre, d'ap. lui-même, beau portrait in-fol. Sup. ép., lettre grise sur Chine, toute marge.

463 — Sir Walter Scott, d'après Raeburn, beau portrait in-fol. Sup. ép., lettre grise sur Chine, toute marge.

464 — Le même avec la lettre sur blanc.

465 **Watelet**. Lady Hervey, in-4, d'ap. *Cochin*.

466 **Wierix** (A.). Ph. Em. de Lorraine, duc de Mercœur. Très-belle ép.

467 **Wierix** (H). Beatus Philippus Nerius, fondateur de la Congrégation de l'Oratoire. Très-belle ép. in-8°, marge.


# PERSONNAGES

## Classés par Noms et Professions.

468 *Enghien* (le duc d'). A mi-corps, lithog., signé *A. D.*, petit in-fol. Rare.

469 *Jacques Clément*, assassin d'Henri III, in-4°. Très-rare.

470 **Lafayette**, major de la Fédération. Charmant petit portrait rond en couleur. Très-rare.

471 **Longueville** (duchesse de). Petit in-fol. d'ap. *Van Hulle*, marge.

472 **Louis XVI**, Louis XVII, Famille, 5 p.

473 **Marie-Antoinette**. Par *Dupin* et *Voyez*. 2 port. in-8°, toute marge.

474 **Marie-Antoinette**, Louis XVI, Louis XVII, 5 port.

475 **Marie-Louise** en manteau impérial, grand costume d'Impératrice, ép. avant toute lettre, in-fol. Rare.

476 **Marie-Thérèse**, reine de France, petit in-fol. Chez *Vischer*.

477 **Mirabeau** sur un tombeau entouré de figures allégoriques, avec ses paroles, in-fol. en travers. Très-belle p. curieuse, sup. ép.

478 **Orléans** (Louis d'), ligueur, in-4°, 1606. Goût de *Wierix*, belle ép.

479 **Voltaire**. profil, dessin à la plume par un calligraphe et colorié, ovale.

480 — Profil en pied, 1778. Paris C. (Comte de Caylus).

481 — Le lever du Philosophe de Fer...x dictant à son secrétaire, in-8°. Rare. Collée.

482 **Actrices**. M^lles Duplant, Levasseur, St-Huberti, 3 p.

483 **Portraits** français et étrangers, 34 p., sera divisé.

484 Portraits de Personnages de l'époque de Louis XIV, Princes, Princesses, etc. 45 p. in-12.

485 Portraits divers, in-4° et in-fol., environ 30 p.

486 — In-8°, diverses célébrités, environ 50 p.

487 Portraits anglais, 137 p. in-12°.

# ESTAMPES MODERNES

## Eaux-Fortes, Lithographies de Maîtres.

488 **Arnout** et V. Adam. Annales de la révolution de 1848, in-fol. 12 p.

489 **Auger** (V.). La lecture du journal, ou les gobe-mouches de province.

— Les bonnes Pratiques, Intérieur d'un Café, des Auteurs et Artistes entourent le poële, 1821. Ces 2 p. lithog. sont très-rares et curieuses pour les types et habitudes du temps.

490 **Beaugrand**. Saint Augustin et sa mère sainte Monique. Très-belle ép. in-fol. toute marge.

491 **Bein**. Batailles de Gaulois — de l'Empire. 2 p. in-fol. — Les Pyramides d'Egypte, vignette d'ap. Raffet. Ces 3 p. sont avant la lettre, sur Chine, toute marge

492 — Sainte Marie, d'ap. Raphaël.

493 **Boissieu** (J.-J. de). Intérieur de Forêt, le bac, paysage avec masure, 3 très-belles et anciennes ép.

494 — La Leçon de Botanique, le Maître d'École, Rigal 14, le Temple du Soleil avant les armes effacées, R. 32, vue du Rhône, 39, vue de Champ-Vert, 43,

Château de Madrid, 44, Saint-Romain sur Giers, avant et avec le trait repris, 45, grand Chemin de Fontainebleau, 46, entrée de la Forêt de Fontainebleau avant et avec le coin arrondi, 47, Paysages en hauteur, 48, 49, 50, le Gué, 76, les Laveuses, 82. — 16 p., anciennes ép. et avec remarques. Pourra être divisé.

495 **Bonheur** (d'ap. Rosa). The Chalk Waggoner. par Goodall.

496 **Constantin** (Aug.). Suite d'eaux-fortes, Vues et Paysages, 12 p.

497 **Cottmann** (d'ap. J.). Études d'Architecture pittoresques. 10 p. à l'eau-forte, ép. sur chine, par Teuillier, Villevielle, etc.

498 **Decamps**, 4 lithographies sur Chine et Charlet, 5 p.

499 **Delacroix** (Eugène). Un bon Homme de lettres en méditation (Dans quel siècle sommes-nous), lithog. originale. Très-rare, très-belle ép., toute marge.

500 **Demarne**. Paysages et compositions à l'eauforte, 13 p.

501 **Denon**. Portraits, Sujets, Paysages à l'eau-forte, 25 p.

502 — Le tribunal de l'Ignorance, Abraham, la Famille hollandaise, les Lions de Quadal et autres, 7 p.

503 — Lithographies par et d'ap. le Temps et illustration, par Berthon, 16 p.

504 **Dien**. Le Tasse à saint Onofrio, d'ap. *Robert Fleury*. Société des amis des arts.

505 **Dupré** et Collignon, le berger, eau-forte 3 ép. différentes.

506 **Flameng**. Sauvée, Intérieur d'un tapis franc, Jeune fille agenouillée devant l'apparition du Christ, eau-forte, grand in-fol. non terminée ; une des 3 ép. existantes.

507 **Flamet**. Vierge et Jésus, d'après *Murillo*. Superbe ép. avant la lettre sur chine, toute marge.

508 **Forster** et Martinet, Mater Dei d'après *Guido Reni*. Superbe épreuve sur chine.

509 **Frommel**. Beau paysage d'après *Claude*.

510 **Garnier**. La Vierge au balance, d'après *Léonard de Vinci*. Belle épreuve.

511 **Gautier**. Les Moissonneurs. — Les Pêcheurs, 2 p. d'après *Léopold Robert*.

512 **Gelée**. Daphnis et Chloé, d'après *Hersent*. Superbe épreuve d'artiste, chine.

513 — La même avec la lettre sur blanc.

514 **Géraut**. Gabrielle de Vergy d'après *Monvoisin*. Très-belle épreuve avant la lettre, les noms d'artistes à la pointe.

515 **Géricault**. Le porte-étendard, lithographie originale. Magnifique épreuve, toute marge. Rare.

516 **Gonzenbach**. Arnold de Winkelried mort, reconnu sur le champ de bataille. — Guillaume Tell et Gessler. 2 très-belles pièces d'après *Vogel*. in-fol.

**517 Grandville** (J.-J.). Son OEuvre, environ 439 p.

— Chaque âge à ses plaisirs. 10 pièces coloriées. Rares.

— Les breuvages de l'homme, 5. — Dantanorama, 7.

— Le Dimanche d'un bon bourgeois, 12 pièces coloriées.

— Voyage pour l'Éternité, Galerie mythologique, etc. 17 pièces.

— Parisiens pittoresques, Fantaisies, Petits jeux de sociétés, Carte vivante du restaurateur, etc. 40 p.

— Singeries politiques et morales. 6 p.

— Grande course au clocher académique. 3 p.

— Le Diable boiteux, le Paquebot ou seul pour sept, 2 p. coloriées. — Observations critiques sur les fumeurs, priseurs, les Cols, les Cannes, les Chapeaux, l'Animalomanie, les Laïys. Superbes compositions à la plume, 12 p.

— Son portrait en bois, pièces faites à Nancy, vignettes en bois pour divers ouvrages, lithographie de l'album et autres pièces de ces premiers temps, 112 p.

— Les Métamorphoses du jour, première édition, personnages à têtes d'animaux, il y a 2 p. sans nos. Très-rares. 50 p. coloriées.

— Métamorphoses du jour, deuxième édit. 25 p.

— La Caricature, 88 p. tirées du journal, épreuves noires et coloriées.

— La Caricature, 57 grandes pièces pliées en deux, tirées du Journal, ép. noires et coloriées.

518 **Huet** d'ap. Albrier. 2 Scènes de Frédéric II roi de Prusse, avec son page et officier.

519 **Landseer** (d'ap.). The Random Shot, par *Lewis*

520 **Lorichon**. Ecce homo, d'après *Titien*. Très-belle épreuve avant la lettre sur chine.

521 **Marvy**. Album des promenades pittoresques à Hyères (Var) et ses environs d'ap. *M. Denis.* 12 p.

522 **Mercury**. Les Moissonneurs, d'après *Léopold Robert*, ép. imprimée en bistre.

523 **Meyer**. Der Grossvater als Kindervarter, d'ap. Moritz, Grand papa faisant fumer son petit-fils.

524 **Monnier** (Henri). Les quartiers de Paris, 6 p. lithog.

525 **Pauquet**. Pyrame — Thisbé, 2 sujets d'après *Ducis*. Ep. avant la lettre.

526 — Pièces de la Galerie d'Orléans et autres. Ep. d'eau-forte pure, et avant la lettre, 32 p.

527 **Prevost**. Cours de politique, d'ap. *Charlet*. Manière noire in-fol., toute marge.

528 **Prudhon** (d'ap.). Le Zéphyr, magnifique ép. avant toute lettre, sur chine sans le timbre de la Société des amis des arts.

529 **Reynolds**. Le Chant national d'après *Charlet*, avant la lettre.

530 **Ribault**. Van Dyck peignant son premier tableau, ép. avant la lettre, toute marge.

531 — Le même ép. d'eau-forte pure.

532 — Dame accordant sa guitare, d'ap. *Metzu*. — Paris et Hésione, d'ap. *V. der Verf.* — Couronnement d'Epines, d'ap. *Titien*, 3 p., ép. d'artistes. Superbes.

533 **Robert** (d'ap. Léopold). Les Moissonneurs. — Les
   Pêcheurs. — L'Improvisateur. — Fête de la Madone de l'arc, 4 p. par *Desclaux* et *Pichard*. Ep.
   sur chine.

534 **Schnetz** (d'ap.). L'horoscope de Sixte-Quint
   par *Bosq*. — Vœu à la Madone par *Fauchery*,
   2 p.

535 **Scott**. Suite de Chiens d'ap. *Reinagle*, 25 p.

536 **Wengler**. Die Hundinn, Chienne et ses petits,
   d'ap. *Ranftl* (Galvanographirt. **2** ép.

537 **Weber** (F.). Napoléon et son fils, d'après *Steu-
   ben*. Superbe ép. sur chine in-fol. toute marge.

538 — La même avant la lettre (113) Superbe ép.
   sur chine, toute marge.

## ÉCOLE DU XVIII° SIÈCLE

### Costumes, Caricatures, Vignettes.

539 — Ecole du xviiie siècle, 14 p. Sujets divers.

540 **Anonyme**. Recueil de Costumes divers publiés
   à Paris en 1776. Le Médecin. — Seigneur et dame
   de cour. — Evêque et Abbesse. — Magistrat et Mi-
   litaire. — Le même différent, eau-forte pure. —
   Religieux et Religieuse. — Bourgeois et Bour-
   geoise. — Artisans, Maçon et Blanchisseuse; 8 p.
   très-belles.

541 — Modes à la Grecque, l'Architecte, le Petit
   maître, Homme et Dame de qualité, Servante,
   Paysan, Abbé, le Médecin, 8 p.

542 — Le double engagement, scène de recruteur chez des filles, in-4, ép., marge.

543 — Le Pressant serment. — Le plus fort me tente, 2 p. ovales.

544 — Le Stratagème amoureux ou la toilette à la mode. Pièce curieuse sur les hautes coiffures.

545 — Erigone. — Leda, 2 charmantes pièces, ovales en travers, avant toutes lettres.

546 — Diane au bain, avant toute lettre, d'après Vanloo ?

547 — Les Amours pastorales. — La Table renversée, 2 p., toute marge.

548 — Portrait du chat de Mlle Dupuis dévote.

549 — Boulevart Italien, la Chaise vide, le Prétexte, pièce de costumes du Directoire.

550 — La Colonnade. — Les trente-deux filles dans l'allée des Soupirs. 2 charmantes petites pièces représentant les promenades de ces demoiselles dans les Galeries du Palais-Royal, très-belles ép. très-rares.

551 **Aubry** (D'après). L'Amour paternel, par *Levasseur*. Belle ép. avant la dédicace.

552 — L'Heureuse nouvelle, par *Simonet*, 1777. Superbe ép., toute marge, avec les armes, mais avant la lettre.

553 **Aveline**. L'Ouïe. — Vénus à sa toilette. 2 p.

554 **Avril**, 1779. Apollon faisant danser les Saisons, d'après *N. Poussin*. Toute marge.

555 — Vénus se venge de Psyché, d'après *De Troy*. Toute marge.

556 **Racler d'Albe** (D'après). Les Chanteurs ambulants. — La Danse des poupées ambulantes. 2 p. Belles marges.

557 **Basan** L'Effet singulier, d'après *P.-P. Rubens.*

558 **Baudouin** (D'après). Les Amours champêtres. — La Fille surprise. 2 p., par *Choffart.* Grande marge.

559 — Le Jardinier galant, par *Helman.* Belle ép. Eau-forte pure avant toute lettre.

560 — Marton la bouquetière, par *Ponce.* Très-belle ép. Marge.

561 — Le Lever. Charmante pièce gracieuse, gravée par *Massard.* Très-belle ép.

562 — Le Coucher de la Mariée. Intérieur de chambre à coucher en rotonde et d'un grand luxe. Magnifique ép. avant la lettre, avec de légères touches au pinceau, par l'artiste. Au bas, à droite, à la pointe : *J.* et *M. Moreau, le j.* 1768. Très-rare de cet état.

563 — Le Danger du tête-à-tête, par *Simonet.* Magnifique ép. avant toute lettre. Marge.

564 — Le Modèle honnête, par *Simonet.* Superbe ép., lettre grise. Toute marge. Ep. signée

565 **Bertin** (D'après). Clytie abandonnée par le Soleil est changée en tournesol. Belle ép. Marge.

566 **Bervic**, d'après **Mérimée**. L'Innocence. Très-belle ép. avant la lettre.

567 **Boilly** (D'après). Honni soit qui mal y pense, par *Bonnefoy.* Très-belle ép. Toute marge.

568 **Boilly** (d'apr.). Prends ce biscuit, par *Vidal*. Très-belle ép. Toute marge.

569 **Borel** (D'après). L'Innocence en danger, par *Huot*, 1792. 1<sup>re</sup> estampe de la Paysanne pervertie. Très-belle ép. Toute marge, avant la seconde ligne.

570 — Vous avec la clef, mais il a trouvé la serrure, par *Anselin*. Belle ép. Toute marge.

571 — Il était temps. Gracieuse composition, par *Hemery*. Belle ép. Toute marge.

572 **Bouchardon** (D'après). Sacrifice à Cérès.

573 — Etudes prises dans le bas peuple, ou les Cris de Paris. 1<sup>re</sup>, 2<sup>e</sup> et 3<sup>e</sup> suite. 36 p.

574 **Boucher** (Fr.). Guerrier oriental. (P. de B. 10.)

575 — La Troupe italienne, d'après *Watteau*. (P. de B. 151.) Très-belle ép.

576 — Le Dénicheur de moineaux, arabesque d'après *Watteau*. Superbe ép.

577 — Andromède. Terminée par Aveline.

578 — Livre d'études, d'après les dessins originaux de *Blomart*. 11 p.

579 **Boucher** (D'ap.). Chinoises jouant de divers instruments. 5 p. par *Houel*.

580 — La Bergère endormie, par *Daullé*.
     — L'Agréable leçon, par *Gaillard*.
     — Première vue de Charenton, par *Lebas*.

581 — Le Geste menaçant. — La Bergère attentive. 2 p. Belles ép. Toute marge.

582 — Premier et deuxième corps de garde. — Le Pont. 3 p.

583 — Le Matin. — Le Midi. — L'Après dinée
(M^lle Sallé). — Le Soir. 4 p. Toute marge.

584 — La Bergère prévoyante, par *Aliamet*. Très-belle
ép. Marge.

585 — Les Sabots. — La Fécondité. 2 p., par *Gaillard*.

586 — Le Goûter de l'automne. — Le Messager dis-
cret. 2 p. par *Gaillard*. Très-belles ép. Marge.

587 — Pense-t-il au raisin ? par *Le Bas*.

588 — Diane et Calisto, par *Gaillard*. Très-belle ép.
avant la lettre.

589 — Silvie fuit le loup qu'elle a blessé, par *Lempereur*. Belle ép.

590 — Les Amants surpris, par *Gaillard*. Très-belle
épreuve.

591 — Le Sommeil interrompu. Ep. avant toute
lettre.

592 — Le Déjeuner, par *Lépicié*. Jolie dame prenant
le café ; elle est entourée de ses enfants. Charmant intérieur. Belle ép.

593 — Le Magnifique, par *De Larmessin*. Superbe ép.
(Conte de La Fontaine).

594 — La Courtisane amoureuse, par *De Larmessin*.
(Conte de La Fontaine).

595 **Canot** (D'après). Le Maître de danse, par *Le Bas*.
Jolie pièce dans le goût de Chardin. Très-
belle ép.

596 **Carême** (D'après). Honni soit qui mal y voit.
— Honni soit qui mal y pense. 2 p. par *Hubert*.

597 — La Tendre éducation. Scène maternelle.

598 — L'Amant effrayé. — Les Amants satisfaits.
2 p. par *Phelipeau*.

4

599 **Challe**. (D'apr.) Le Repos interrompu par le chat et le chien. Sujet gracieux, ovale en travers. par *Vidal*. Marge.

600 — Jupiter et Léda, par *Tilliard*.

601 — La Soubrette officieuse, par *Chaponier*. Trèsbelle ép. Toute marge.

602 — Les Amants trahis par leur ombre, gravé par *Wogls*. Très-belle ép. Toute marge.

603 — La Saison des Amours, par *A. Legrand*. Trèsbelle ép. Toute marge.

604 **Chardin** (D'après). L'Économe, gravé par *Le Bas*, 1754. Superbe ép. Marge.

605 — La Gouvernante, par *Lépicié*, 1739. Belle ép.

606 — La Mère laborieuse, 1740, par *Lépicié*. Trèsbelle ép.

607 — Le Château de cartes. Petite pièce par *Demarcenay*. Très-belle ép., sans aucune lettre. Marge,

608 — Le Principe des arts. — L'Amusement utile, par *Cécile Magimel*. 2 p. rares. Grandes marges.

609 — L'Etude du dessin, par *Le Bas*. Très-belle ép. d'une des plus belles pièces du maître. Marge.

610 — Sans souci, sans chagrin. Jeune fille avec raquette et volant, par *Lépicié*, 1742. Superbe ép. Grande marge.

611 — Le Chat au fromage, par *Dupin*. — La Fillette de bon appétit. 2 p. Belles ép.

612 **Chedel**. Le Dévot ermite, d'après *Boucher*. — Ermites dans un désert, d'après *Pierre*. 2 p. Belles marges.

613 **Chereau** (Chez). Entrée d'Alexandre. — La Tente de Darius. 2 p., d'après *Lebrun*.

614 — Les Sens. Petits bustes de jolies femmes. 5 petites p. Toute marge.

615 **Choffart**, etc. Fleurons, fins de pages et autres. 56 p.

616 **Cochin,** etc. Illumination de la rue de la Ferronerie, en 1739, pour le mariage de Madame, Iʳᵉ de France, et don Philippe II. — En 1745, pour le retour de Sa Majesté. 2 p. historiques.

617 — Illustrations pour Rousseau et autres, in-8 et in-4 et eaux-fortes pures. 16 p.

618 — Illustrations pour divers ouvrages, ornements, études académiques, etc. 60 p. Pourra être divisé.

619 — Illustrations pour Rousseau, in-4 et in-8. Ép. avant la lettre et eaux-fortes. 36 p. Superbes ép. et toute marge.

620 **Cochin** (D'après). Le Château de cartes, par *Dupuis.*

621 **C.** (D'après Cochin). Le Jeu de comète. Jolie pièce d'intérieur. Très-belle ép. Marge.

622 — Télémaque et Mentor se précipitent dans la mer, pendant que les Nymphes de Calypso brûlent leur vaisseau. Avant la lettre. Toute marge.

623 **Courtin** (D'après). Artémise, par *Mathey.* Belle ép. — Loin de sa mère, Amour. etc., par *De Poilly.* Belle ép. Toute marge.

624 **Coypel** (D'après N.-N.). Les Saisons, par *Tronchon.* 4 sujets d'enfants dans des ovales.

625 **Coypel** (D'après Ch.). Daphnis, par *Surugue.* Superbe ép. Marge.

626 **Coypel** (D'après). La Jeunesse sous les habits
de la décrépitude, par *Rénée Elisabeth-Marlié
Lépicié*, 1751. Superbe ép., d'une des plus jolies
pièces de l'époque.

627 **Coypel** (D'après) et autres. Vite, cachez ces ap-
pas, etc. — Cette glace insensible. — La Savante.
3 jolies pièces.

628 **Daraynes** (D'après). Le Printemps, par *Laurent*.
Marge.

629 **Darcis**. Les Apprêts d'une course. — L'Arrivée
de la course. 2 p., d'après *C. Vernet*. Superbes ép.
Toute marge.

630 **Dauvergne**. Portrait de dame, d'après *Gon-
zalès*.

631 **Debare** (D'après). Route du monde : vice, vertu,
richesse. Belle ép. Toute marge.

632 **Debucourt**. Exercices de Franconi, n° **1 et 2**.
2 p., d'après *Carle Vernet*. Magnifiques ép. avant
la lettre. Toute marge.

633 — Exercices de Franconi, n° 2. L'écuyère sautant
par dessus la corde. Ep. Toute marge.

634 — Le Tailleur. Superbe ép.

635 — Les Galants surannés, ou les Petits papas à la
mode, 1804. Superbe ép.

636 **Dubucourt** (D'après). L'Instruction villageoise,
par *Glairon mondet*. Belle ép. Toute marge.

637 **De Longueil**. Les Dons imprudents. Magnifique
ép avant toute lettre.

638 **Depeuille** (Chez). Le Sérail, ou le Turc à Paris.
Costumes de femmes du Directoire.

639 **Descamps** (D'après). La Pupille, par *Le Mire*. Superbe ép. Marge.

640 **Desplaces**. Le Temps découvrant la Vérité, d'après *Coypel*.

641 **De Troy** (D'après). Diane et ses nymphes surprises au bain, par *F. Beauvarlet*. Toute marge.

642 — La Médecine. Allégorie (femme étudiant). Ovale équarri en travers. Très-belle ép. Toute marge.

643 **De Vaux**. L'Amour présentant un papier à une jeune fille dormant. Avant la lettre.

644 **Dubois**. Sujets tirés des contes de La Fontaine et autres, dans le goût de Lancret et Watteau, avec entourages ornés en forme d'écrans. 5 p. Rares.

645 **Eaux fortes** pures, d'après Boucher, Greuze, Wille fils et autres. 12 p.

646 **Ecole française du XVIIIᵉ siècle**. Le Coin d'une rue, avec marchandes de légumes, soldats et crocheteurs causant. Pièce très-bien gravée. Avant la lettre.

647 **Eisen** (D'après C.). Le Lever des enfants. — Le Petit donneur d'avis. 2 p. Belles marges.

648 — La Chercheuse d'esprit. 2 p. in-4. — Deux Enfants jouant avec un chat. — La Vertu sous la garde de la Fidélité. 4 p.

649 **Forest** (D'après). La Nouvelle mariée. Pièce rare.

650 **Fournier** (D'après). Dame prête à sortir, à laquelle on va remettre une lettre. Avant la lettre.

651 **Fragonard** (H.). Les quatre Satyres, imitant les bas-reliefs antiques (de B. 6-7-8-9). Eaux-fortes originales 4 p. Belles ép.

652 **Fragonard**. Angle de voûte à l'eau forte.

653 — (D'ap.). S'il m'était aussi fidel, par *Dennel*. Superbe ép. avant toute lettre, signée.

654 — La Bergère couronnant le vainqueur, par *Dambrun*. Sup. ép. avant la lettre.

655 — La Résistance inutile. par *Regnault*, toute marge.

656 — La Fuite à dessein, par *Macret*.

657 — Le Chiffre d'amour, par *N. de Launay*.

658 — La Bascule, par *Beauvarlet*. 1760. Très-belle ép.

659 — Le Songe d'amour. — La Fontaine d'amour. 2 p. par *Regnault*, avant la lettre. Belle ép.

660 — Le Serment d'amour gravé par *Mathieu*, Belle ép.

661 — Les Contes de La Fontaine, 9 p. in-4°.

662 **Freudeberg** (d'ap.). Le soldat en semestre, par *Ingouf*. Très-belle ép. avant la lettre, marge.

663 — Jeunes amants consultant une tireuse de cartes. Sup. ép, avant toute lettre, toute marge.

664 — Le lever, par *Romanet*.

665 — Le Bain, par *Romanet*.

666 — Le Boudoir, par *Maleuvre*.
Ces 3 p. très-belle ép. avant les n<sup>os</sup>.

667 — Les Confidences, par *Lingée*. Belle ép.

668 — Le coucher par *Duclos* et *Bosse*. Belle ép.

669 — L'Heureuse union, par *Bosse*, avant la planche réduite. Très belle ép , grande marge.

670 **Gérard** (d'ap. M^lle). L'Elève intérressante. — Le
Triomphe de Minette. 2 charmantes pièces, par *Vidal*. Superbes ép., marge.

671 — L'Art d'aimer. - Le Bouquet inatendu, 2 pièces
par *Gérard*. Sup. ép.; marge.

672 — Les Regrets mérités, gravé par *Delaunay*, magnifique ép., toute marge.

673 **Gillot** Fête de Diane troublée par des satyres. —
Fête de Pan. 2 p. Très-belles, avec marge.

674 **Goz** (d'ap. de). Ha! C'est là où gît le lièvre. — Ah!
le beau jupon court. — Le Peintre. — Réflexions
salutaires, etc. 6 p. par *Brichet*, 1784. Belles ép.
marge.

675 **Greuze** (d'ap.). Costumes de femmes de Savoie,
Piémont et Italie, suite de 24 p., 11 ép. à l'eau-forte
pure, très-rares, 10 sont en contre-preuves avec les
fonds dessinés pour terminer les sujets, 13 sont
avec les fonds terminés de gravure, par *Moitte*,
d'après les dessins. En tout, 34 p. Collection extrêmement rare.

676 — Le petit Frère. — La petite Sœur, gravés par
*Lucien*, 2 p. Sanguine.

677 — La Fille grondée, par *Letellier*.

678 — La petite Fille au carlin par *Porporati*. Trèsbelle ép. avec l'adresse rue Thibautodé.

679 — Les premières Leçons de l'amour, par *Voyez*
l'aîné, Jeune fille regardant des tourterelles. Trèsbelle ép. avant toute lettre.

680 — Le Paresseuse, par *Moitte*. Superbe ép. avant la
lettre.

681 **Greuze** (D'après). La Marchande de marrons, par *Beauvarlet*. Superbe ép., marge.

682 — La Fille confuse, par *Ingouf*.

683 — L'enfant qui donne sa soupe au chien, par *Maleuvre*.

684 — La Mère en courroux, par *Moitte*, imprimée en couleur.

685 — Le Ménage ambulant, par *Binet*, ép. avant la lettre.

686 — Jeune fille pleurant son oiseau mort sur sa cage, par *Flipart*. Magnifique ép., signée au revers par les artistes.

687 — La Vertu chancelante, Jeune fille tenant une montre, par *J. Massard*, magnifique ép., toute marge, signée au revers, par les artistes.

688 — La Privation sensible, Mère se séparant de son enfant qui part en nourrice, par *Simonet*, *1780*. Superbe ép., lettre grise toute marge.

689 — Le Paralytique servi par ses enfants. Très-belle ép., par *Flipart*, signée au dos.

690 — La Malédiction paternelle. — Le Fils puni. **2** grandes pièces par *Gaillard*. sup. ép, marge, signées au revers par les artisies.

691 **Gribelin**. L'Adoration des Bergers, d'ap. *Jacob Palme*. Sup. ép. Rare.

692 **Grimou** (d'ap.). Le flûteur par Lépicié, 1740.

693 **Hallé** (d'ap.). Le Voleur adroit (Berger volant l'oiseau d'une bergère endormie), toute marge.

694 **Hilair** (J.-B.) l'Esclave heureux, par *J. Mathieu* Superbe ép., toute marge.

695 **Huet** (d'ap.). Ce qui est bon à prendre est bon à garder, par *Chaponnier*, composition très-gracieuse Superbe ép. avant la lettre, toute marge.

696 **Huguenot de Luciabel** (Mademoiselle). La Jardinière fleuriste. — La Moissonneuse endormie. — L'aimable vendangeuse, 3 p. in-fol. ovale, en manière noire, avec vers au bas, le tout composé, peint et gravé par Mˡˡᵉ. Extrêmement rares.

697 **Jeaurat**. Jeune fille et son perroquet, petite pièce, très-belle, grande marge.

698 **Jeaurat** (d'ap.). La Terre, Garçon tenant des cerises. — L'air, Garçon avec un cerf-volant, 2 p. par *Elisabeth Marlié Lépicié*.

699 — La petite Jalouse, — La belle Rêveuse. — Les Caresses réciproques 3 p. Très belles ép., toute marge.

700 — Les quatre Heures du jour, par *Balechou*, 4 petits sujets galants, marge.

701 **Jeaurat** (d'ap.) L'Amour coquet. — L'Amour petit maître. 2 charmants sujets d'enfants gravés par son frère en 1732.

702 **Lancret** (d'ap.). Conversation galante, par *Lebas*. Belle ép., marge.

703 — La Jeunesse, par *Larmessin*. Belle ép.

704 — Les Saisons, en hauteur 4. p. par divers.

705 — La Musique champêtre, l'Adolescence et Contes de La Fontaine et autres. 12 p.

706 — Les Oies de Frère Philippe.

707 — On ne s'avise jamais de tout.
Ces 2 p. par *de Larmessin*. Superbes ép., marge

708 **Lancret** (D'après). Les Troqueurs, par *de Larmessin.*

709 — Le petit Chien qui secoue de l'argent et des pierreries.

710 — La Servante justifiée, par *de Larmessin.*

711 — Nicaise, magifique ép., toute marge.

712 — Les Charmes de la conversation, par *Petit.* Belle ép.

713 — Le Jeu des quatre coins, par *de Larmessin.* Superbe ép., marge.

714 — Grandval. par *Lebas*, in-fol.

715 **Lancret** (d'ap.) et autres. Les Contes de La Fontaine, réduction; grand in-8° et autres, 23 p., toute marge.

716 **Langlois**, d'après *Schalcken.* Homme tirant l'oreille à son chien; avant la lettre, toute marge.

717 — La Ménagère Nort-Hollandaise d'ap. *Vantol.* Superbe ép. avant la lettre, toute marge.

718 **Larmessin.** Frère Luce, d'ap. *Vleughels.*

719 — Le Villageois qui cherche son veau. Ces 2 p. Contes de La Fontaine. Superbes ép., belles marges.

720 **La Rue** (d'ap. P. B. de). Bretons, Croates, Volontaires, Arquebusiers de Grassin, Fusiliers et Dragons de La Morlière, 8 costumes militaires.

721 **Lavreince** (d'ap.). Le Restaurant, par *Deni.*

722 — La Marchande à la toilette, par *Vidal.*

723 — Le Repentir tardif, par *Levillain.*

724 — Les Nymphes scrupuleuses, par *Vidal.*

725 — La Balançoire mystérieuse, par *Vidal.*

726 — Le Mercure de France, par *Guttemberg.* Ces 6 pièces sont toute marge.

727 — Le Coucher des ouvrières en modes par *Deque-vauvillers*. Belle ép., marge.

728 **Le Barbier** (D'après). Les Amants surpris, avant la lettre. — Le Mari dupe et content. 2 p. par *Patas*, belles ép., toute marge.

729 **Lebas**. Recueil de divers griffonnements, ép. d'eau-forte composées et gravés. 15 p. et titre.

730 — Le Jeune élève, d'après *Villebois*, toute marge.

731 **Lebrun** (D'après). L'heureux ménage, ou les Époux vertueux, par *Martini*. Belle ép., marge.

732 **Lemire**. Cartouche royal pour billet de bal ou de théâtre, formé d'attributs de musique et figures allégoriques. Superbe ép.

733 **Le Moine** (D'après). L'Aurore et Céphale, par *L. Cars*.

734 **Le Nain** (D'après). La Fiancée normande, par *Le Bas*. Très-belle ép., grande marge. Rare.

735 **Lepeintre** (d'après). La Cage symbolique, par *Fessard*. Superbe ép. avant la dédicace, toute marge.

736 **Le Prince** (D'après). Le concert russien, par *Gaillard*. Superbe ép.

737 — L'Amour à l'Espagnole. Charmante pièce supérieurement gravée par *Saint-Aubin* et *Pruneau*.

738 **Liotard**. Une dame franque de Pera à Constantinople recevant visite. Très-belle ép. Très-rare.

739 — Une Dame franque de Galata et son esclave qui lui présente le voile pour sortir. Superbe ép. Très-rare.

740 — Une Dame de Constantinople, par *Tardieu*, 1752. Très-rare.

741 **Liotard**. Un Effendi, ami du testerdar ou du grand trésorier de l'Empire, par *Tardieu*, en 1751. Très-rare.

742 **Loutherbourg**. La bonne petite sœur. — La tranquillité champêtre. 2 p., sans titres.

743 — (D'après). 1<sup>er</sup> recueil de modes et habits galants, 1771. 5 p. à l'eau-forte, par *Foulquier.*

744 **Maeret**. Arrivée de J.-J. Rousseau aux Champs-Élysées. — Réception de Voltaire aux Champs-Élysées par Henri IV. 2 p. Superbes ép. avant les dédicaces.

745 **Malbeste**. Illustration pour Homère, d'après *P. Picart*. Suite complète. 13 p.

746 **Marillier** (D'après). Les Désirs réciproques, par *Mlle Chevery*. Joli petit intérieur de petit salon d'attente, rond, donnant sur un jardin. Belle ép.

747 **Massard**. Abraham recevant Agar. Superbe ép. avant la lettre, le nom de Massard à la pointe.

748 **Menil**. La Double tentation, d'après *Mieris*, avant toute lettre.

749 **Mercier**. Le Jeune éveillé, par *Avril*, toute marge.

750 **Moitte** (D'après). Le Jaloux endormi. — L'Infidélité reconnue. 2 p. par *Vidal* et *Dambrun*. Belles ép., toute marge.

751 — La Surprise agréable. — Le Roi d'Étiopie abusant de son pouvoir. 2 p. par *Vidal*, toute marge

752 **Monnet** (D'après). Les Nymphes surprises, par *Vidal*, Très-belle ép. avant la lettre. 1<sup>er</sup> état avant la mèche de cheveux.

753 — La même avec la lettre. — Salmacis et Herma-
phrodite. 2 p. par *Vidal*, toute marge.

754 — Jupiter et Io. — Jupiter et Antiope. 2 p. par
*Vidal*, toute marge.

755 — Renaud et Armide, par *Vidal*, toute marge.

756 **Moreau** Lejeune (D'après). Vignettes pour J.-J.
Rousseau et autres. 7 p.

757 — Le Souper fin. Très-rare ép. d'eau-forte pure.

758 — Le Rendez-Vous pour Marly, par *Guttemberg*.
Très-belle ép. *A. P. D. R.*

759 — Louis XVI. — Marie-Antoinette. Médaillons entourés de figures allégoriques, 2 p. gravées par
*Lemire*. Très-belles ép., marge.

760 — Arrivée de Mirabeau aux Champs-Elysées, par
*Masquelier*. Superbe ép., toute marge.

761 — Vignettes in-4 pour Héloïse, Emile. 4 p.

762 — Le seigneur chez son fermier, par *Delignon*.

763 — Les Vœux accomplis, allégorie relative au réta-
blissement de la comtesse d'Artois. Superbe ép.
d'eau-forte pure avant les armes, toute marge.

764 — Tullie fait passer son char sur le corps de son
père, par *Simonet*. Superbe ép , toute marge.
— Henri IV chez le Meunier, eau-forte pure, par
*Simonet*. Superbe ép. avant toute lettre, toute
marge.
— Caravane du grand seigneur. Sup. ép. avant
toute lettre, par *Simonet*.

765 — Vignettes in-8 pour Vert-Vert, Molière, Racine, Voltaire. Superbe ép. avant la lettre, toute
marge. 24 p.

766 **Moreau** (D'après). Vignettes à l'eau-forte pure in-8 pour Boileau, Molière, Racine, Voltaire, etc. 43 p. toutemarge.

767 — Vignettes in-4 pour le lutrin de Boileau, avant la lettre, toute marge. Superbes ép.

768 — Vignettes in-4 pour Voltaire, Rolland et autres. 15 p. avant la lettre, toute marge. Superbes.

769 **Morette** (D'après). Je r'aurais mon étrille. — Le Retour au gîte. 2 p. au bistre.

770 **Natoire** (D'après). Vénus et Enée, par *Flipart*.

771 — Le Triomphe d'Amphitrite, par *Moitte*, toute marge

772 **Pater** (D'après). Arrivée des comédiens. — Le Serrurier coupe le pot. 2 p. par *Surugue* pour le roman comique de Scarron, toute marge.

773 — La Matrone d'Éphèse, par *Filleul*, 1736.

774 **Payen**. Jadis. — Aujourd'hui. — Le Passé. — Le Présent. 4 jolis sujets d'enfants. Belles ép.

775 **Picart** (B.). L'Amour et Psyché. — Dame à sa toilette et autre. — Miracle d'un saint, par *Pierre*. 4 p.

776 **Picart**. Et autres. Petits sujets gracieux. 35 p.

777 **Picot**. The embarquement, d'après de *Loutherbourg*. Superbe ép , toute marge.

778 **Pierre** (D'après). Hercule et Diomède. — Dédale et Icare, d'après *Vien*. 2 p. avant la dédicace.

779 **Poilly**. Ce petit écureuil. — Pourquoi laisser périr. — J'écouterai peut être un jeune adorateur. — Porcie. 4 p.. grandes marges.

780 **Porporati**. Suzanne au bain, d'après *Santerre*.

781 — Tancrède et Herminie.—Herminie et le berger, **2 p.** d'ap. *Vanloo*. Superbes ép. avant la lettre, toute marge.

782 **Prud'hon** (D'ap.). La Grotte, avant la lettre, in-8.

783 — Le premier Baiser de l'amour, par *Copia*, charmante vignette, une des jolies compositions du maître, in-8.

784 — Le Triomphe de Napoléon, par *Roger*, très-belle ép.

785 **Queverdo** (D'ap.). L'Occasion favorable. — Le Sabot cassé, 2 p.

790 **R. L. L.**, *inv.*, en 1797. Café des Incroyables, pièce très-curieuse, costumes. Rare.

791 **Raoux**. L'Amour en cage.— La Becquée, Jeune Fille avec des petits oiseaux, 2 p. Très-belles, toute marge.

792 — Les Vierges sages et folles, très-belles ép. avant toute lettre.

793 — Angélique et Médor, par *Delaunay*.

794 **Ridinger** (D'ap.). L'Art de monter à cheval, gravé par *B. Probst*. 21 p., toute marge.

795 **Rosmaesler**. Coiffures et Costumes d'hommes et de femmes. 7 petites pièces.

796 **Saint-Aubin**. Vénus Anadyomène, d'ap. *Titien*. Très-belle ép. avec la coquille, marge.

797 **Saint-Aubin** (D'ap.). Tableau des Portraits à la mode. — Promenade des remparts de Paris. 2 p. par *Courtois*. Jolis costumes, voitures de l'époque, belles ép.

798 **Saint-Aubin** (D'ap.). Le Concert, par *Duclos*. Charmante pièce d'intérieur, réunion du monde élégant de l'époque.

799 **Santerre** (D'ap.). Jolie Dame en masque. — Autre cachetant une lettre. 2 p., marge.

800 **Schenau** (D'ap.). Les Balanceuses. — La Quisinière surveillante, par *Romanet*, 2 p. très-belles.

801 — Leçon de Botanique. — Image de la Beauté. 2 p., par *Chevillet*. Très-belles ép., marge.

802 **Schultze**. La Jeune Ouvrière accablée de sommeil. Superbe ép., marge.

803 **Selis** (Chez). Contes de La Fontaine. 13 p. grand in-8. Très-belles ép.

804 **Simonet**. Massacre de la garde nationale de Montauban, 1790. Sup. ép., toute marge.

805 **Strange**. L'Amour dormant, d'ap. *Guido Reni*.

806 **Troost** (D'ap.). Le Vieilleux.—La Saint Nicolas. 2 p. Superbes ép. avant toute lettre, marge.

807 **Vanloo** (D'ap.). L'Amour clair-voyant. — L'Amour menaçant. 2 p.

808 — Enée et Achise, par *Dupuis*.

809 — Sara présentant Agar à Abraham. — David jouant de la harpe devant Saül. 2 p. très-belles.

810 **Vernet** (D'ap.). Groupes de figures. 4 p. dont 3 avant toute lettre, marge.

811 **Vien**. Costumes orientaux. 6 p. à l'eau-forte.

812 **Vleughels** (D'ap.). Apollon et trois Muses et autres, 3 p.

813 **Voysard**, d'ap. *Desrais*. Promenade du boulevart Italien, 1797. Belle pièce curieuse pour les costumes du temps. Rare

814 **Watteau** (D'ap.) La Cause badine arabesque.

815 — Figures françaises et comiques nouvellement inventées (Costumes d'hommes et de femmes). 12 p.

816 — La Rêveuse, par *Aveline*. Belle ép.

817 — Arabesque et autres pastorales. 6 p.

818 — Les Saisons, paysages avec compositions de figures 4 p. Superbes ép., belles marges.

819 — Antoine de La Roque, par *Lépicié*. Très-belle ép., toute marge.

820 — Amusements champêtres, par *B. Audran*. Superbe ép

821 — Retour de Chasse, par *B. Audran*.

822 — Les Champs-Elysées, par *Tardieu*. Belle ép.

823 — La Perspective, par *Crespy*. Belle ép., marge.

824 — L'Ile de Cythère, par *Larmessin*. Très-belle.

825 — Entretiens amoureux, par *Liotard*. Très-belle.

826 — Les Saisons, scènes de seigneurs dans des parcs, par *Audran, Brillon, Larmessin, Moireau*. 4 p. Belles ép., grandes marges.

827 — L'Amour au Théâtre Italien, par *Cochin*. Très-belle ép., marge.

828 — L'Accordée de Village, par *de Larmessin*, grand in-fol.

829 — La Signature du contrat de la noce de village par *Cardon*, grand in-fol., marge.

830 — Sujets chinois par *Aubert*. 3 p. sup. et grandes marges.

831 — Les Saisons, 4 Pastorales par *Bénazech*, in-4.

832 — Le Docteur. — Le galant Jardinier, 2 p.

833 **Watelet** (d'ap.). Greuze, Fragonard, Watteau. 6 p.

834 **Wille** fils. Le Petit-Wauxhal. Sup. ép., rognée, d'une charmante pièce pour les costumes.

835 **Wille** fils (D'ap.). Les Conseils maternels. — La Mère indulgente. 2 p. par *Lempereur*, marge.

836 **Caricatures**. Ramponneau et autres. 5 p.

837 **Vignettes** de Lecomte, d'ap. *Johannot*, et divers autres. 44 p. Pourra être divisé.

838 — D'ap. *Eisen, Borel, Saint-Quentin* et autres. 26 p.

839 — Vignettes diverses : Marillier, Moreau et autres. 88 p.

840 — Cochin, Eisen, Gravelot, etc. Sujets d'enfants et autres. 114 p.

841 — Vignettes in-4 pour Daphnis et Chloé : la Naissance, la Cigale, le Bain. Ces 3 p. sont d'ap. *Prud'hon;* les 6 autres p. sont d'ap. *Gérard.* En tout 9 p. Superbes ép. avant la lettre, toute marge.

842 — Illustration pour Télémaque. 25 p. in-4.

843 — Vignettes très-petites. Scènes d'Amants, Costumes du Directoire. 10 p.

844 Coëffure à la nation. — Coëffure aux charmes de la Liberté. 2 p. Chez Depain, coiffeur.

845 Chapeau à la Marlborough, 1783. Coiffure à la Reine des Cœurs. 12 charmantes Coiffures sur 2 feuilles.

846 Sujets et Compositions de Vénus et l'Amour, d'ap. différents maîtres et graveurs. 24 p.

847 **Ecole anglaise**. Gracieuses têtes de femmes et sujets divers. 18 p.

848 — Etudes de dessin, par *Bartolozzi*, cahier de 10 p.

849 Sujets divers d'enfants. **22** p. Sera divisé.

850 Diverses Ecoles. 5 p.

## PIÈCES EN COULEUR

### Costumes, Caricatures, Portraits.

851 **Alix**. Descartes, Diderot, Guillaume Tell, La Bruyère, Lycurgue, Montesquieu, Pie VII, Raynal. Solon. 9 portraits ovales, in-fol., en couleur.

852 — Louis XVIII, in-fol., en couleur.

853 — Michel Lepelletier, d'après *Garneray*. Sup. ép., gravée en couleur, marge ovale, in-fol.

854 — Voltaire, d'après *Garneray*. Sup. ép. en couleur.

855 **Anonyme**. Coucou, le Toucher. 2 petites p. au bistre.

856 — Bastringue, bal de barrière, colorié.

857 — Le Logeur, ou les Effets des vertus hospitalières de Paris, pièce de mœurs, coloriée, curieuse et rare.

858 — Mademoiselle des Faveurs à la promenade, à Londres, un Chasseur tire les pigeons qui se reposent sur son immense coiffure, coloriée, curieuse.

859 — Le Flambeau de l'amour, ovale, en travers, en couleur. Très-belle ép., marge.

860 — Arné, grenadier, qui a arrêté **M**. Delaunay, in-4°, en couleur. Belle ép. avec la vignette en bas.

861 — Portrait de Fénelon, in-4°, ovale, en couleur, avant toute lettre.

862 **Bar** et **Chatelet**. Le Bain de village, jolie p. en bistre, toute marge.

863 Vue d'Ermenonville, avant toute lettre. — Grand théâtre des arts, etc. Projet, par *Bellanger*, 2 p. au bistre.

864 **Bonneville**. Costumes actuels des deux conseils législatifs, du Directoire exécutif, des ministres et autres fonctionnaires publics. 19 pièces coloriées avec soin. 1802 ?

865 **Bonnet**, d'ap. *Le Prince*. Têtes de femme de chambre et servante moscovite, 2 fac-simile, crayon noir, rehaussé de blanc, sur papier bleu.

866 **Bonnet**. Vénus donnant ses ordres à l'amour et pendant, 2 p d'ap. *Huet*. Très-belles ép , toute marge.

867 — Jupiter métamorphosé en Diane. Sup. épreuve, marge.

868 — Le Triomphe de Galathée, d'ap. *Huet*, ovale en travers. Sup. ép., marge.

869 — Jupiter et Semélé. — Apollon et Leucothée, 2 p., d'ap. *Huet*. Très-belles ép., marge.

870 — Le Silence de Vénus, d'ap. *Huet*. Sup. épreuve., toute marge.

871 — La Jarretière, magnifique ép. de la plus grande fraîcheur, toute marge.

872 — L'Heureux Chat, d'ap. *Huet*, magnifique ép., avec marge.

873 **Borel** (d'ap.). La Bascule, grande composition pittoresque, gravée en couleur, par *Leveillé*, sup. ép., toute marge.

874 **Boucher** (d'ap.). Les trois Bacchantes ivres, charmante pièce très-gracieuse, à la sanguine. Rare.

875 — Les Grâces, par Charpentier, au bistre. Rare.

876 — Jeune Jardinière. Joueur de cornemuse et Scènes de famille, avant la lettre, d'ap. *Cochin*, 3 p., sanguine.

877 **Boucher** (d'ap.) et Autre. Vénus. Nymphe, 2 p., sanguine.

878 **Campion**, etc. Vues de Paris, en rond, en couleur. Maisons de mademoiselle Guimard, de mademoiselle de St-Germain et autres. Églises de Paris. Théâtres. Palais, etc. Et le titre très-rare. 31 pièces.

879 **Careme** (d'ap.). Les Plaisirs du bain, en couleur, par *Jubier*, marge.

880 **Carrée**. La Balanceuse, d'ap. *Freudeberg*, en couleur.

881 **Challiou** (chez). L'Amant pressant. L'Instant passé. 2 p. rondes, sanguine. Costumes, très-belles ép., toute marge.

882 **Chaman**. Costumbres andaluzas, costumes de Séville. 10 p. lithog. espagnoles, coloriées.

883 **Chapuy**. Le comte de Cagliostro, in-4°, en couleur.

884 **Civil**. La Vertu irrésolue. La Comparaison du bouton de rose. 2 p., en couleur, in-4°.

885 **Debucourt**. Le Songe réalisé, jolie petite pièce d'amants. Rare.

886 — Route du Marché, en couleur. Route de Naples. en noir, 2 p. d'ap. C. Vernet.

887 — Les Joueurs de boules. Les Chevaux de bateaux. Route de Poissy. 3 p. d'ap. *C. Vernet*, en couleur.

888 — Annette et Lubin, 1789, avec leurs portraits au-dessous. Très-belle ép.

889 — 1787. Le Compliment ou la Matinée du jour de l'an. Charmante scène de famille, gravée en couleur.

890 — Promenade de la galerie du Palais-Royal, pièce très-curieuse pour les types et charmants costumes de l'époque. Très-belle ép., en couleur.

891 — Manières et Modes du n° 2 au n° 47. 25 pièces d'une suite. Rare, coloriées.

892 **Defrenne**, d'ap. *Joulain*. Études de femmes. Vénus et Nymphes assises, sanguine. 2 p., toute marge.

893 **Demarteau**. Le Mouton chéri, d'ap. *Huet*, en couleur.

894 — Léda. Mère et son enfant, 2 p. aux trois crayons.

895 — Jeune dame de profil, brodant au métier, d'ap. *Carmontelle*. Sup. ép., sanguine, grande marge.

896 — Vénus nue dormant, sanguine, d'ap. *Boucher*. Vigoureuse ép.

897 — L'Education de l'Amour. L'Amour et Erigone. 2 p. ovales, sanguine, d'ap. *Boucher*. Sup. ép., marge.

898 — Bergère appuyée sur un disque avec un cœur percé d'une flèche. Superbe sanguine, d'après *Boucher*.

899 — d'après *Boucher*. Scènes maternelles, d'après *Le Prince* et autres, sanguines diverses, 8 pièces. Très-belles ép.

900 **Descourtis**. Vues de la Porte St-Bernard. — Du port St-Paul. 2 pièces, grand in-fol., en couleur.

901 — La Noce de village. Belle ép., d'après *Taunay*, en couleur.

902 — La Rixe, d'après *Taunay*. Belle ép. en couleur.

903 — Le Tambourin. Superbe ép. avant toute lettre, en noir.

904 **Desrais** (D'après), 1783. Chapeau à la Desbrosses, à la Genlis; coiffure à la Polymnie et autres. 16 coiffures coloriées sur une feuille.

905 **Guyot**. 1$^{re}$ Vue de Trianon, du côté du canal. Jolie p. en couleur, d'après *Sergent*.

906 **Huet** (D'après). Douzième cahier de paysages, 5 feuilles à deux motifs, sanguine.

907 — Pastorales en couleur. 2 p.

908 **Janinet**. Hôtel Montholon. — Maison de M. Le Doux et autres. — Portes Saint Denis, Saint-Martin, etc. 11 vues en rond en couleur.

909 — Intérieur des Invalides et du Val-de-Grâce. 2 p. en couleur.

910 L'Amour et la Folie, d'après *Fragonard*. 2 charmantes p., sujets d'enfants très-gracieux, ovales, en couleur.

911 **Janinet**. Le Petit Conseil. — Ah! le joli petit chien. 2 p. charmantes d'après Lavreince.

912 — La Sortie du bain. Magnifique ép. d'une petite p. charmante en couleur, sans marge.

913 — Ah! laisse-moi donc voir. Charmante composition, imprimée en couleur et retouchée au pinceau très-habilement. Aspect d'une très-belle aquarelle.

914 — Compagne de Pomone, jolie fille en buste, en couleur. Très-belle ép.

915 — Le Sommeil d'Ariane, rond, d'après *Leclère*. Magnifique ép. en couleur.

916 — La Confiance enfantine. — La Crainte enfantine. 2 jolies p., d'après *Freudeberg*. Très-belle ép.

917 — Les Nourrices, d'après *Boucher*. Fac-simile, bistre.

918 — Palais-Bourbon, côté de la cour. Superbe ép. en couleur.

919 — Colonnade du palais Médicis. — Reste du palais du pape Jules. — Paysages d'après *Robert*. 5 p. en couleur.

920 — La Comparaison. Composition gracieuse gravée en couleur, d'après *Lavreince*.

921 — La Noce de village. — Le Repas des moissonneurs. 2 p., d'après *Wille* fils. Très-belle ép. en couleur, marge.

922 **Lawreince** (D'après). Le Lever des ouvrières en modes. Réduction in-4, au bistre. Très-belle ép.

923 **Le Beau**. Réduction in-4. Tiens! c'est mon valet Lafleur. — C'est inconcevable. — Faites la paix. 3 p. avec costumes d'incroyables, imprimées à la sanguine. Très-belles ép., grandes marges.

924 **Marin**, 1775. Provoking fidelity, d'après *Parelle*. Charmante pièce en couleur, avec entourage doré.

925 **Marin**. La Satisfaction maternelle, d'après *Bounieu*.

926 **Massol**. Charlotte Corday, d'après *Queverdo*, dans un rond surmontant la scène de l'assassinat, colorié.

927 **Monnet** (D'après). L'Amour est de tout âge, en couleur, d'après *Robillac*. Très-belle ép., toute marge.

928 **Sergent**. Le Baquet de Mesmer, scène curieuse de magnétisme, en noir. Pièce ronde.

929 **Ecole anglaise**. Stage waggon. — Mail coach. 2 p. coloriées.

930 **Caricatures anglaises**. Sur les ridicules et excentricités des chapeaux, robes et manches, vers 1820 à 1829. Pièces curieuses coloriées, 10 p.

931 **Caricatures**. Musée grotesque et autres. 10 p. coloriées.

932 Coiffures et costumes du Directoire. 8 p. coloriées.

933 Toilette de nos grand'-mères, d'après les meilleurs journaux du temps. 20 costumes coloriées, de 1801 à 1830. Cahier.

934 **Costumes** parisiens, 1798—an VIII-IX—1807. 10 p. coloriées.

935 — Et travestissements, 1821 à 1838. 327 p. coloriées.

936 — Costumes de femmes, divers pays et autres, coloriés; arquebusiers, etc. 60 p.

937 **Lithographies**. Caricatures, etc. 20 p.

938 **Divers**. Environ 50 p. Sera divisé.

# DESSINS

939 **Anonyme**. Marie-Antoinette et Louis XVI, aux crayons de couleur. 2 dessins ronds.

940 — Méhul et Rameau entourés d'instruments de musique. 2 dessins à l'encre, in-8, remargés.

941 — Jeune homme tenant des roses. — Jeune dame faisant un signe. 2 charmants costumes; dessin à la sanguine.

942 BOREL (A.). Le Gage touché; un vieillard à genoux embrasse le pied, tandis qu'un jeune galant embrasse la main d'une autre jeune fille. — Le Colin-Maillard; vieillard ôtant son bandeau et surprenant les amants en conversation. 2 charmantes compositions. Magnifiques aquarelles avec encadrements, ornés, dessinés à l'encre de Chine.

943 BOREL. Fête villageoise. Aquarelle, signée, 1796.

944 BORNET. La Journée champêtre et autres. 8 jolis dessins à l'encre et bistre, in-8, remargés.

945 COCHIN (C.-N.). La Gravité, la Légèreté d'esprit. — L'Allégresse, le Chagrin. — L'Amitié, l'Amitié inutile, la Haine. 3 charmants dessins à la sanguine, in-8, signés, 1776.

946 COLLARD, 1823. Vue de l'intérieur du cachot de la reine Marie-Antoinette à la Conciergerie. — Vue de la chapelle de la Conciergerie 2 aquarelles superbes.

947 **École flamande**. Sainte Catherine, *Diepenbecke*. — La Pentecôte, *Quelinus*, 1653. — Adoration des Mages, *Rottenhamer*. 3 jolis dessins.

948 EISEN. Tête de vieillard dormant. Sanguine.

949 EISEN, 1767. Sujets d'enfants et autres. 6 p. à la mine de plomb, in-8, remargées.

950 GIORDANO. Vénus désarmant l'Amour. Croquis à la plume.

951 LEMOINE, 1771. Dame de profil dans un médaillon. Crayon et encre de Chine.

952 LE SUEUR (D'après). Sujets de la vie de saint Bruno. 6 petits dessins à la plume.

953 MARILLIER, 1792. Jeune prisonnier agenouillé devant des dames qui viennent le visiter. Joli dessin à l'encre de Chine, in-8.

954 MONNET. Sujets pour les romans de Voltaire. — Joseph vendu par ses frères. — Dieu créant le monde. — Titus. — Allégories et sujets mythologiques. 9 jolis dessins in-8, à l'encre.

955 MOREAU. Scènes de la Révolution française. 3 dessins in-8, bistre et encre.

956 PAUL GRÉGOIRE Sourd-muet. L'abbé de l'Épée, in-4, au crayon, 1790. — L'Abbé Sicard en pied, au crayon, 1810. 2 dessins.

957 PRUD'HON. Académie d'homme, vu de dos. Crayon noir, rehaussé de blanc, sur papier bleu. Ce beau dessin vient de la collection du prince de Beauffremont.

958 PUJOS. David Hume, au crayon, 1773, in-4.

959 QUEVERDO. Sujets pour illustration de romans.
8 jolis dessins in 8, au bistre, remargés.

960 SEVIN (P.). Titres ornés avec sujets de l'histoire
de Louis XIV, Cénotaphe, 6. Allégorie, Frontis-
pices sur la naissance du roi de Rome, etc. En tout,
8 p.

961 ZWECKER (J.-B.). Histoire universelle. Sujets les
plus marquants depuis la création : Baptême de
Clovis, le Moyen âge, France, Allemagne, Italie,
Guillaume Tell, Luther, Charles-Quint, Ch. Co-
lomb, Angleterre, Russie, Croisades, Templiers,
Couronnement de Charles VII à Reims, Jeanne
d'Arc, Louis XI. Pavie, Louis XIV, les États généraux, Prise de la Bastille, Arrestation de Louis XVI,
Massacres, Noyades à Nantes, Robespierre conduit
au supplice, les Pyramides, Machine infernale,
Austerlitz, Moscou, Bérésina, Entrée en 1814,
Alger, Navarin, 1830 ; Fieschi, Bataille de Nis-
sib, etc , etc. 71 dessins originaux à l'encre de
Chine, in-8, en travers ; ont été gravés en Allemagne. Pourront être divisés.

962 Cahier de Cartouches, rocailles, 1740 ; à la
plume, 5 ; à l'encre de Chine, d'une fine exécu-
tion, 14. En tout 19 p.

963 Dessins à la sanguine, d'après Boucher et
autres, 5 p.

RENOU et MAULDE, imprimeurs de la Compagnie des Commissaires-
Priseurs, 144, rue de Rivoli.        40389

# VIGNÈRES

## Rue de la Monnaie, 13, à l'entresol,

ENTRÉE RUE BAILLET, 1.

---

# ESTAMPES ANCIENNES & MODERNES

### Éditeur des Eaux-Fortes, Paysages et Plantes

## DE M. EUG. BLERY,

## Collection de plus de 50,000 Portraits différents

### ANCIENS ET MODERNES

#### Classés comme suit et par ordre alphabétique :

ECRIVAINS. Littérateurs, Poëtes, Géographes, Mathématiciens.
ARTISTES. Peintres, Sculpteurs, Architectes, Graveurs.
MUSICIENS. Compositeurs et Exécutants.
ACTEURS et ACTRICES de toutes époques et de tous pays.
MÉDECINS. Botanistes, Chirurgiens, Minéralogistes, Naturalistes.
ECCLÉSIASTIQUES. Religieux, Catholiques, Réformés, Juifs.
CARDINAUX. — PAPES. — SAINTS et SAINTES.
DIVERSES CÉLÉBRITÉS. Chanceliers, Juges, Militaires, etc., etc.
RÉVOLUTIONS et EMPIRE. Députés et Généraux.
FEMMES CÉLÈBRES en tous genres.
CONDAMNÉS pour crimes, vols; Scélérats divers.
ORIENTAUX. Doges, Perses, Turcs, etc.
POLONAIS. Hongrois, Russes, etc.
ANTIQUES. Personnages célèbres de l'Antiquité (Grecs et Romains).
ROIS ÉTRANGERS et MAISONS PRINCIÈRES françaises et étrangères.
ROIS DE FRANCE classés chronologiquement.
COLLECTION classée par ordre alphabétique de Graveurs anciens
et modernes.
PORTRAITS en BISTRE. Collection de portraits inédits ou rares
reproduits nouvellement par la gravure.

---

### Plus de 1,200 Portraits différents de la Galerie de Versailles,

Très-convenables pour les illustrations
et pour joindre avec les AUTOGRAPHES étant tirés à part, in-4°.

#### Le Catalogue détaillé par ordre alphabétique, 1 fr.

Afin de faciliter les recherches des amateurs de Portraits, soit
pour les illustrations, soit pour les collections d'autographes ou
autres; *deux catalogues détaillés* (n° 1 — n° 2), de quelques collections de portraits qui peuvent se trouver chez moi, classés par
ordre alphabétique, seront remis ou envoyés aux personnes qui en
feront la demande affranchie.

---

PENOT et MAULDE, imprimeurs de la Compagnie des Commissaires-Priseurs,
rue de Rivoli, 144.

38963

BIBLIOTHEQUE NATIONALE DE FRANCE

3 7531 01259897 6

www.ingramcontent.com/pod-product-compliance
Lightning Source LLC
Chambersburg PA
CBHW071419220526
45469CB00004B/1340